22 STRATÉGIES
EN ANALYSE TECHNIQUE

Combiner le charting avec Fibonacci, Ichimoku, les patterns et les indicateurs de pointe pour investir dans les cryptomonnaies, les FNBs et les stocks

CHARLES G. KOONITZ

22 stratégies en analyse technique
Combiner le charting avec Fibonacci, Ichimoku, les patterns et les indicateurs de pointe pour investir dans les cryptomonnaies, les FNBs et les stocks

Publié par Tripod Solutions inc.

Avertissement

Avis de non-responsabilité

Graphiques générés par Stockcharts, Tokenomist.ai et TradingView

Suivez Koonitz chez :

StockTwits et X : @JumpyStocks

Page couverture produite par Koonitz

ISBN : 978-1-997531-08-1 Version brochée française

ISBN : 978-1-997531-09-8 Version électronique française

Première édition : novembre 2025

CONTENU

INTRODUCTION	v
COMPÉTENCES DE BASE POUR RÉUSSIR	1
STRATÉGIE 1 – REBOND SUR FIBONACCI	19
STRATÉGIE 2 – FAIR VALUE GAP	23
STRATÉGIE 3 – MOYENNE MOBILE À 200 PÉRIODES	27
STRATÉGIE 4 – DÉTECTER LE POINT TOURNANT	31
STRATÉGIE 5 – DIVERGENCES	35
STRATÉGIE 6 – DUO DMI ET STOCHASTIQUE	41
STRATÉGIE 7 – PATTERN TASSE AVEC ANSE	45
STRATÉGIE 8 – LA RENAISSANCE DU GAP BAISSIER	49
STRATÉGIE 9 – BOLLINGER SQUEEZE	53
STRATÉGIE 10 – BISEAU HAUSSIER	59
STRATÉGIE 11 – LE BREAKOUT DESCENDANT	63
STRATÉGIE 12 – LE TRIANGLE ASCENDANT	67
STRATÉGIE 13 – LE GROS W	71
STRATÉGIE 14 – LE MALICIEUX M	75
STRATÉGIE 15 – BULLISH ENGULFING SUR STEROIDS	79
STRATÉGIE 16 – STRUCTURE PARABOLIQUE	83
STRATÉGIE 17 – STRUCTURE D'ACCUMULATION	87
STRATÉGIE 18 – BITCOIN	91
STRATÉGIE 19 – CONSOLIDATION-MANIPULATION-EXPANSION	95
STRATÉGIE 20 – SHITCOIN	99
STRATÉGIE 21 – SUPERTREND	103
STRATÉGIE 22 – ICHIMOKU CLOUD BREAKOUT	107
CONCLUSION	111

GLOSSAIRE 113

LISTE DES LIVRES DE KOONITZ 119

RÉFÉRENCES 121

INDEX 123

INTRODUCTION

En tant que débutant sur le marché boursier, j'ai effectué de nombreux investissements impulsifs, et ils se sont souvent soldés par des échecs. Je me souviens particulièrement d'une transaction désastreuse qui m'a fait perdre 2 000 dollars en quelques jours seulement. J'avais fait confiance à un soi-disant expert en ligne. Ce n'est pas tant la perte qui m'avait fait mal, mais la confiance aveugle que j'avais accordée. À partir de ce moment-là, j'ai pris l'entière responsabilité de mes stratégies d'investissement. J'ai commencé à étudier l'analyse technique et à me familiariser avec les outils de trading et les plateformes de graphiques.

Les graphiques alléchants que les traders étudient peuvent dissimuler des dangers insoupçonnés que seuls les indicateurs techniques peuvent mettre en évidence. En effet, ces indicateurs révèlent souvent que la figure chartiste apparemment idéale n'est pas aussi parfaite qu'il y paraît. Il n'y a pas une seule « bonne manière » d'analyser un graphique. Chaque trader adopte sa propre approche, en fonction de ses propres objectifs, de son expérience et de son style de trading. Les indicateurs techniques sont indispensables pour prendre des décisions d'investissement éclairées.

Certains traders s'appuient exclusivement sur l'analyse fondamentale, qui consiste à examiner les états financiers d'une entreprise. Toutefois, je suis convaincu que le prix d'une action ne correspond pas nécessairement à sa valeur réelle. La valeur d'un actif financier dépend de l'interaction de l'offre et la demande sur les marchés, ainsi que de plusieurs facteurs externes.

Nous allons explorer 22 stratégies proposant des concepts et des scénarios différents. Ces stratégies sont présentées sous forme de patterns, de structures, de divergences, ou d'une combinaison d'indicateurs techniques de pointe. La recherche d'actifs affichant du momentum est essentielle lors d'un investissement. Cela peut conduire à des rendements plus élevés en tirant parti de la dynamique du mouvement du cours des actifs financiers.

Certains patterns peuvent être détectés gratuitement grâce aux filtres de recherche proposés par les fournisseurs de graphiques. Tous les indicateurs mentionnés dans cet ouvrage sont accessibles gratuitement. Cependant, un abonnement de base est tout de même nécessaire pour les traders qui veulent créer des listes, utiliser des filtres et accéder à un plus vaste éventail d'indicateurs. Les investisseurs ont la liberté d'inclure des indicateurs additionnels dans les stratégies proposées. Cependant, ils doivent résister à l'envie de surcharger les graphiques.

Les traders découvriront dans certains chapitres des termes de recherche servant de filtres pour optimiser leurs recherches sur les actions et les cryptomonnaies. Les filtres sont simples et adaptables pour s'ajuster à divers fournisseurs de graphiques. Les traders doivent garder à l'esprit que tous les indicateurs présentent un décalage. Ils ne peuvent pas prédire l'avenir, mais ils peuvent aider à identifier une tendance à la hausse, à la baisse ou en consolidation. Toute l'information financière figure dans le graphique.

La plupart des indicateurs recommandés dans ce livre sont disponibles gratuitement. Toutefois, un abonnement de base demeure indispensable pour créer des listes, utiliser des filtres et accéder à tous les indicateurs. Les traders peuvent ajouter tout autre indicateur aux stratégies présentées. Il est toutefois conseillé d'éviter de surcharger les graphiques. Les traders doivent se rappeler que tous les indicateurs présentent un décalage. Toutefois, ils sont efficaces pour faire ressortir le pouls du marché.

Bonne lecture !

COMPÉTENCES DE BASE POUR RÉUSSIR

Les récits de personnes ayant fait fortune grâce à des investissements sont toujours captivants. Certaines ont eu beaucoup de chance, d'autres ont réussi grâce à leur persévérance et à leur dévouement. L'analyse technique souligne l'importance d'utiliser adéquatement les outils disponibles. L'idée n'est pas de tout savoir, mais plutôt de limiter les distractions et de se concentrer sur un éventail restreint d'entre elles.

Le trading échouera, quelle que soit la stratégie que vous utilisez si vous n'apprenez pas les concepts et pratiques de base appropriés. Pour maximiser les performances des configurations, il est essentiel de travailler en amont. Une configuration, aussi belle soit-elle, n'est pas exempte de toutes contraintes. Avant de commencer à utiliser certaines stratégies, le trader doit d'abord comprendre certains concepts clés :

- Maîtriser les graphiques.
- Consulter le graphique hebdomadaire.
- Maîtriser l'évolution des cours.
- Porter attention au volume.
- Comprendre les gaps.
- Identifier les indicateurs avancés et retardés.
- Gérer efficacement les risques.
- S'initier à la psychologie du trading.
- Se questionner sur le Stop-Loss.
- Acheter ce que vous connaissez.
- Se concentrer sur les secteurs qui prennent de l'élan.
- Apprendre à utiliser les filtres boursiers et cryptographiques.

Nous examinerons chacun de ces éléments plus en détail. Ils serviront de base à l'analyse des stratégies qui suivront.

Maîtriser les graphiques

Les chandeliers japonais représentent le format de graphique le plus populaire. En fait, ils ont remplacé les barres OHLC comme format préféré des traders en Amérique du Nord et en Europe. La plupart des plateformes de trading mettent l'accent sur les graphiques en chandeliers japonais.

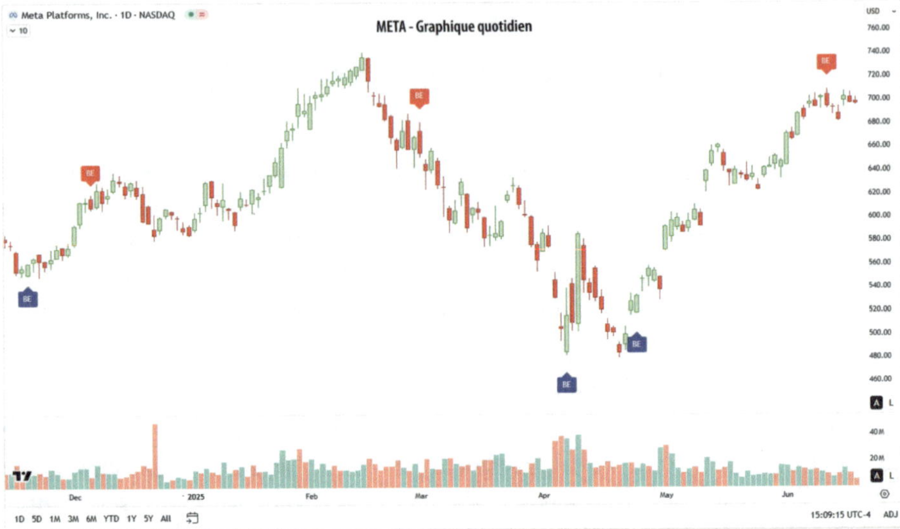

Figure 1. Graphique illustrant certaines figures en chandeliers

La communauté du trading a développé des outils permettant de repérer des figures de chandeliers japonais, ou d'autres patterns qui aident à identifier avec exactitude les zones de support et de résistance. Un code couleur peut également être utilisé pour distinguer les marchés haussiers des marchés baissiers. De nombreux influenceurs et spécialistes utilisent le format des chandeliers japonais pour promouvoir leurs idées de trading.

Ce livre utilisera principalement le format des chandeliers japonais pour faciliter le partage d'informations. Ce format est prisé par les spécialistes pour élaborer des plans d'action et annoter leurs modèles. Vous trouverez de nombreuses analyses sur les chaînes YouTube et dans la communauté TradingView. De plus, les plateformes d'analyse technique offrent des outils qui optimisent l'utilisation des chandeliers japonais.

Contrairement aux bougies classiques, les chandeliers japonais présentent deux mèches, l'une à chaque extrémité. Les filtres de recherche aident à repérer des patterns réputés comme le Bullish Engulfing et le Dark Cloud Cover. L'utilisation combinée de ces filtres avec d'autres indicateurs améliorera vos décisions d'achat et de vente.

Les traders débutants ignorent ce petit secret : les chandeliers japonais sont un système de trading autonome. Chaque chandelier peut appartenir à un ensemble indiquant des inversions de tendance. Le chandelier japonais reflète avec précision l'humeur du marché pour cette période.

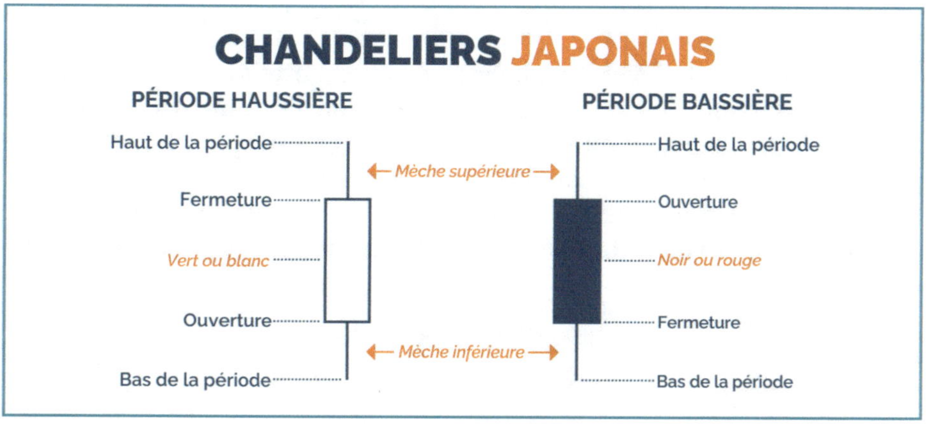

Figure 2. Informations de base des chandeliers japonais

La figure ci-dessus montre un chandelier haussier et un chandelier baissier. Chaque chandelier comporte quatre informations de base sur une période donnée (minute, heure, jour, semaine ou mois) :

- **Haut.** Prix le plus élevé atteint pendant la période.
- **Fermeture.** Prix de clôture de la période, hors activité post-marché.
- **Ouverture :** Prix initial au début de la période, sans tenir compte des activités prémarché.
- **Bas.** Seuil le plus bas enregistré au cours de la période.

Ces quatre éléments offrent un aperçu du comportement d'un actif financier pendant une période spécifique. Un chandelier haussier est généralement blanc ou vert, tandis qu'un chandelier baissier est généralement noir ou rouge. Je vous recommande de consulter l'ouvrage « Japanese Candlestick Charting Techniques » de Steve Nison pour en savoir plus sur ce sujet. Les traders peuvent utiliser divers modèles haussiers et baissiers pour améliorer leurs résultats en explorant de nouvelles idées et de nouveaux concepts.

En ce qui me concerne, les traders ne devraient jamais prendre des décisions en se basant uniquement sur un pattern de chandelier japonais. Ils doivent plutôt s'appuyer sur plusieurs outils d'analyse technique pour établir une base avant d'entrer sur le marché. Les conditions d'achat et de vente évoluent constamment.

Regarder le graphique hebdomadaire

Vérifiez toujours l'état des actifs sur graphique hebdomadaire avant d'acheter ou de vendre. Le graphique hebdomadaire peut révéler des tendances ou des signaux forts. Ne vous fiez pas uniquement au graphique quotidien, le graphique hebdomadaire pourrait suggérer une amélioration à long terme.

Le graphe 3 présente l'évolution hebdomadaire du titre Medallion Financial. Un signal de vente majeur a été décelé à la fin du mois d'août, comme l'indique le rectangle. Le cours a aisément franchi le support à 6,49 $ (ligne pointillée supérieure). La zone de support ultime se situe autour de 2,25 $. Une période de consolidation s'est amorcée en février à novembre 2017, comme le montre l'indicateur Volume Profile qui met en évidence une longue zone de support à gauche.

Figure 3. Graphique hebdomadaire de Medallion Financial

Par la suite, le croisement des indicateurs EMA13 et EMA34 déclenche un signal d'achat au début novembre. Une fois que les deux courbes se dirigent vers le haut, un trader peut envisager d'acheter l'actif. L'indicateur stochastique rebondit dans la zone de survente et indique un signal positif. L'indicateur Volume Profile montre que la résistance est moins élevée au-dessus du prix de 2,25 $; les barres latérales sont plus courtes, ce qui indique une faible résistance dans la fourchette de 2,25 $ et 6,49 $. Ces conditions ont entraîné une forte hausse des prix au cours des deux derniers mois. La longue phase de consolidation suggère un point d'entrée prometteur pour les investisseurs.

Examinons le graphique quotidien à la figure 4. On observe que l'action a fluctué dans une plage pendant un moment avant qu'un signal d'achat n'apparaisse au début novembre. Certains pourraient se demander : « Pourquoi les graphiques quotidien et hebdomadaire indiquent-ils un signal d'achat en même temps ? » La longue phase de consolidation a permis au prix de se stabiliser suffisamment pour générer des signaux.

Figure 4. Graphique quotidien de Medallion Financial

L'indicateur stochastique est passé de la zone de survente à la zone de surachat. Le graphique hebdomadaire offre une perspective plus large pour analyser les tendances à long terme. Par exemple, le graphique hebdomadaire a révélé que la résistance se situait à 6,49 $ depuis 2015. Comme l'action devait atteindre cette résistance, la vente doit être envisagée en janvier 2018. Les signaux de haute qualité, quotidiens ou hebdomadaires, favorisaient une entrée importante sur le titre.

Le graphique quotidien émettra généralement un signal d'achat avant le graphique hebdomadaire. Le premier représente une journée (un chandelier par huit heures) et le second représente cinq jours (un chandelier par 40 heures). Le graphique quotidien est plus sensible aux fluctuations de prix, tandis que le graphique hebdomadaire est plus adapté pour suivre les tendances à long terme. En tant que trader qui détient généralement ses actifs pendant plusieurs jours ou semaines, je préfère le graphique hebdomadaire. Cependant, le choix dépend de la tolérance au risque et du style de trading de chacun.

Maîtriser l'évolution des cours

La valeur d'un actif peut évoluer de trois façons : elle peut augmenter, diminuer ou rester stable. Les hausses sont freinées par la résistance, les baisses par le support. Les mouvements latéraux se produisent pendant les périodes de consolidation, lorsque l'offre et la demande sont équilibrées.

Surveiller les zones de support et de résistance

Les niveaux de support et de résistance sont déterminés par les stops précédents et actuels. Le cours d'une action ou d'une cryptomonnaie consiste en une séquence ininterrompue de pics et de creux alternant entre support et résistance. Prenons un exemple simple : vous vous trouvez au deuxième étage d'une maison, qui représente la zone de support. Un plancher solide résistera à n'importe quelle situation. S'il est fragile, il s'effondrera et vous tomberez au premier étage. Il en va de même pour en analyse technique.

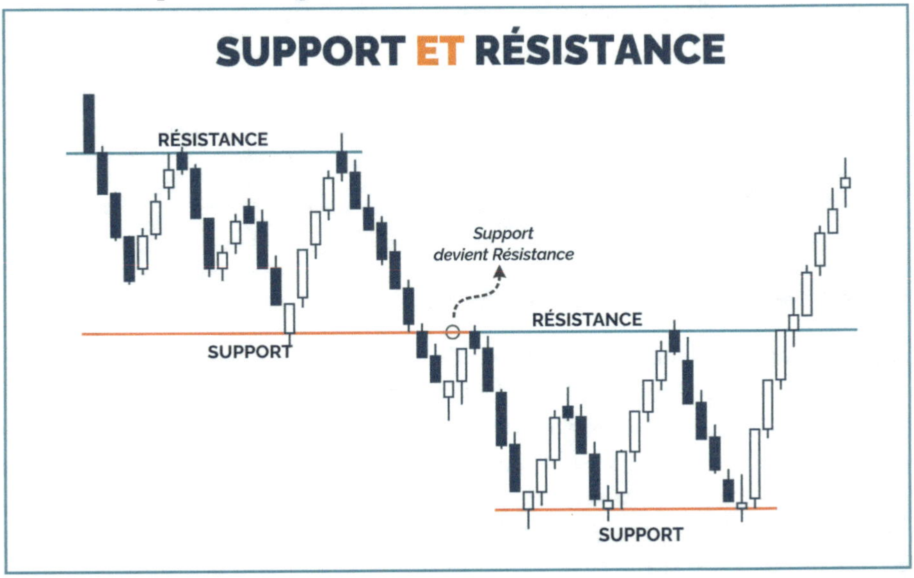

Figure 5. Concept de support et de résistance

Le support est le niveau où les acheteurs sont nombreux, empêchant la baisse du titre. Lorsque le cours franchit une zone de support, il s'arrêtera au prochain support. Cela se reproduira lorsque l'engouement des acheteurs faiblit, limitant la demande et exerçant une pression à la baisse. La résistance correspond à un niveau où de nombreux vendeurs sont présents, limitant la hausse du titre. Si la résistance est franchie, une autre résistance fera obstacle. Chaque analyse graphique d'actifs doit montrer les zones de support et de résistance pour anticiper les meilleurs points d'entrée et de sortie.

Breakout haussier ou baissier

En analyse technique, un breakout haussier correspond à la rupture d'une forte résistance, testée à plusieurs reprises. Une fois les niveaux identifiés, nous pouvons prévoir où les prochaines cassures se produiront. Une cassure s'accompagne généralement de volumes importants. À l'inverse, le breakout baissier correspond à la cassure d'un support assez fort sur lequel le prix s'est heurté à plusieurs reprises. Plus le support est fort, plus il faudra de tentatives pour le casser.

La figure 5 illustre une tendance des prix avec des creux et des sommets, qui se traduisent par des zones de support et de résistance. La ligne horizontale centrale montre une zone de congestion qui sert de support, qui se transforme en résistance et redevient un support. Les petits cercles symbolisent le point de rupture du support ou de la résistance.

Repérer la tendance

La ligne droite est l'outil d'analyse technique le plus sous-estimé. Aucun calcul n'est nécessaire. Il suffit d'observer les fluctuations et de tracer des lignes pour indiquer où des breakouts haussiers ou des effondrements pourraient se produire. C'est la méthode la plus simple pour prédire les renversements de tendance. Les lignes de tendance peuvent être haussières, baissières ou latérales. Une tendance latérale se produit en l'absence de concurrence entre acheteurs et vendeurs. Une tendance haussière reflète une forte demande qui pousse les acheteurs à payer plus cher pour l'actif recherché. Les niveaux atteints précédemment doivent être mis en évidence à l'aide de lignes droites.

Figure 6. Tendance baissière de l'Ethereum

La figure 6 montre le graphique quotidien de la cryptomonnaie Ethereum. Elle illustre bien comment les lignes peuvent être utilisées pour mettre en évidence les ruptures de prix. Voici les points clés :

1. **Breakout baissier.** Le prix franchit la tendance haussière.
2. **Lignes horizontales.** Elles indiquent les niveaux importants auxquels le prix peut rebondir. Recherchez les chandeliers avec de longues mèches, car ils attirent l'attention des requins de Wall Street.
3. **Breakout haussier.** Le prix rompt à la hausse la tendance baissière.
4. **Canal incliné.** Généralement, cette configuration se termine par une baisse des prix.
5. **Pin bar.** Une bougie à longue mèche, signalant généralement un renversement de tendance, apparaît souvent à un niveau de support.

La première chose à faire lorsque l'on analyse un graphique est de tracer des lignes. Trop souvent négligées, elles sont extrêmement utiles.

Suivi du volume

Le volume représente l'activité de négociation d'un actif sur une période donnée. L'agrégation de ces données révèle des tendances ou des divergences utiles. Concentrez-vous sur les actions ayant un volume de négociation quotidien élevé. Évitez les actifs ayant un volume inférieur à 100 000. Ces actifs sont faciles à repérer : les chandeliers sont dispersés sans motif discernable. Certains experts se concentrent uniquement sur la courbe des cours et affirment que « tout est dans le prix ». Cependant, le volume est un facteur crucial dans de nombreux indicateurs techniques, car ils contiennent des formules mathématiques complexes utilisant des moyennes, des écarts, des pourcentages et le volume. Le volume d'activité des secteurs techno et bancaire est 10 fois plus élevé que celui des ressources naturelles. Aux fins de l'analyse technique, le volume reste utile à deux niveaux :

- **Confirmation de breakout**. Le breakout haussier entraîne souvent une hausse du volume des transactions, qui confirme que la tendance s'est inversée. Lors d'une cassure, le volume peut augmenter fortement pendant quelques périodes, puis diminuer, même si la tendance haussière se poursuit.
- **Comparaison entre volume et moyenne du volume.** Ce rapport permet de voir l'intérêt des investisseurs pour un actif sur une période donnée. L'augmentation du volume est souvent liée à des nouvelles positives sur l'entreprise ou son secteur d'activité.

Comprendre les gaps

Un gap survient lorsqu'un actif connaît une fluctuation importante de prix sur une période donnée. Les gaps sont visibles sur les graphiques à barres OHLC ou les chandeliers japonais, et peuvent être observés dans les deux directions, à la hausse ou à la baisse. Un graphique quotidien génère plus de gaps qu'un graphique hebdomadaire. La volatilité et les changements brusques de direction entraînent des écarts de prix. Un actif qui se négocie peu affichera plusieurs gaps dans son graphique. Voici les principaux types de gaps :

- **Gap de rupture.** Ce type de gap marque le début d'une tendance. Il représente une cassure claire, indiquant un possible renversement de tendance. Cette nouvelle tendance peut se maintenir pendant une période prolongée.
- **Gap de continuation.** Il apparaît dans les tendances violentes, tant à la hausse qu'à la baisse, souvent à mi-chemin, et prédit que la tendance va se poursuivre. Ne les prenez en considération que pour les actifs de haute qualité qui s'échangent avec un volume important de transactions.
- **Gap d'épuisement.** Ce gap se produit à la fin d'une tendance haussière, signalant un possible passage vers une tendance baissière. Il représente la dernière poussée d'une forte demande avant le renversement. Ce type d'écart ne peut être identifié qu'après le renversement de la tendance.

Figure 7. Différents types de gaps

Ces gaps à la hausse et à la baisse sont susceptibles d'être comblés tôt ou tard. Prenons le cas où un gap à la hausse survient en raison de la force du secteur, entraînant une tendance haussière soutenue. Plus tard, si une entreprise publie des résultats trimestriels décevants, la tendance s'inversera. Le titre continuera à baisser, donnant l'impression que les fluctuations de prix ultérieures seront attirées vers le gap précédent, à la manière d'un aimant. Lorsque l'écart sera comblé, le cours de l'actif pourrait repartir à la hausse.

Identification des indicateurs avancés et retardés

Il existe plus de 100 indicateurs techniques différents utilisés en analyse technique. Il en apparaît de nouveaux fréquemment, ce qui peut être déroutant pour les débutants. Ces indicateurs peuvent être classés en quatre groupes principaux, chacun ayant un objectif unique :

- **Indicateurs de tendance.** Ces indicateurs mesurent la direction et la force d'une tendance et comprennent EMA, SMA, MACD, DMI, Ichimoku, Parabolic SAR et SuperTrend.
- **Indicateurs de momentum.** Ceux-ci identifient la vitesse du mouvement des prix en comparant les prix sur une période donnée. On peut citer ADX, Commodity Channel Index (CCI), Chaikin Money Flow, Relative Strength Index (RSI), Rate of Change (ROC), Stochastic, et Williams %R.
- **Indicateurs de volatilité.** Ceux-ci fournissent des signaux de changement de direction. Ils comprennent Bollinger Bands, Average True Range, and Standard Deviation.
- **Indicateurs de volume.** Ils mesurent la force de la tendance en fonction du nombre de transactions. Ils comprennent Volume by Price, Money Flow Index, Force Index et On-Balance Volume.

La catégorisation évite de choisir des indicateurs appartenant à la même famille, ce qui les amènerait à déclencher des signaux identiques au même moment. Une autre approche de la catégorisation consiste à diviser les indicateurs en deux groupes : les indicateurs avancés et les indicateurs retardés. Les indicateurs avancés les plus populaires sont :

- Bollinger Bands
- Momentum
- Rate of Change (ROC)
- Relative Strength Index (RSI)
- Stochastic

Les indicateurs avancés réagissent instantanément aux variations de prix, laissant croire à une inversion de tendance avant même qu'elle ne se produise. Les indicateurs avancés suivent les mouvements du marché et génèrent régulièrement de faux signaux d'achat ou de vente. Ils tombent rapidement dans une zone de surachat ou de survente. Ensuite, il y a la deuxième catégorie, les indicateurs retardés et voici ceux les plus utilisés par les traders :

- Directional Movement Index (DMI)
- Exponential Moving Average (EMA)
- Moving Average Convergence Divergence (MACD)
- Simple Moving Average (SMA)

Les indicateurs retardés sont liés à la tendance d'un actif financier. Comparés aux indicateurs avancés, les indicateurs retardés sont lents à produire des signaux. Ce retard permet d'obtenir des signaux plus fiables, mais réduit la fenêtre temporelle pour générer des profits. Les indicateurs DMI et MACD réagissent rapidement et fournissent rarement des signaux trompeurs. Ils peuvent également être associés à des indicateurs avancés.

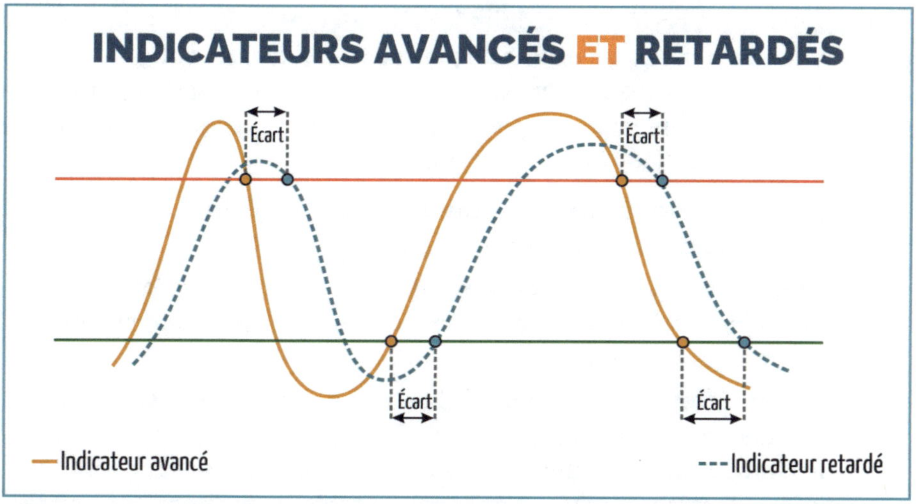

Figure 8. Comparaison entre les indicateurs avancés et retardés

L'illustration ci-dessus montre deux indicateurs, l'un avancé et l'autre retardé, placés sur la même échelle de valeurs. Les indicateurs avancés affichent des signaux plus tôt que les indicateurs retardés, tant pour l'achat que pour la vente. Les indicateurs avancés restent dans la zone intermédiaire pendant une courte période et se positionnent tôt dans une zone de surachat ou de survente. Qu'importe l'indicateur, il se base sur des données historiques.

Gérer efficacement les risques

Un trader très actif peut voir le solde de son compte de courtage diminuer rapidement. Une évaluation erronée, des entrées tardives, des cessions précipitées et le trading sur marge peuvent entraîner la perte totale d'un compte de trading. En examinant de près vos frais de transaction, vous constaterez que les charges liées à l'achat et à la vente dépassent souvent les bénéfices d'une seule transaction. Heureusement, au cours des dernières années, ces frais ont été intégrés dans chaque transaction, laissant croire qu'ils sont nuls.

Les institutions financières proposent un système d'alerte qui tient informé des changements dans un portefeuille. Malgré toutes les belles théories présentées dans ce livre, investir dans un actif financier est risqué. Nul n'est à l'abri des mauvaises nouvelles qui peuvent faire chuter la valeur d'un actif. Les gouvernements ont un impact significatif sur les marchés financiers en imposant des tarifs douaniers ou en édictant des lois et des règlements qui échappent au pouvoir de décision des traders.

N'investissez jamais l'ensemble de votre portefeuille dans un seul actif. La diversification est la clé pour réduire les risques et vous assurer un sommeil paisible. Il existe plusieurs écoles de pensée sur la meilleure façon de gérer un portefeuille boursier. Comme cet ouvrage se concentre sur l'analyse technique, je serai bref sur ce sujet. Voici néanmoins quelques conseils pour investir dans des actions et des cryptomonnaies :

- **Considérez le trading comme un business.** Évitez de voir le trading comme un simple passe-temps.
- **Attention aux résultats trimestriels.** Ne conservez jamais une action jusqu'à la divulgation des résultats financiers, sauf si votre investissement est à long terme.
- **Ciblez différents secteurs**. Il existe une quinzaine de secteurs d'activité pour diversifier le risque. Les secteurs de l'aéronautique, de l'immobilier, de la finance, des matières premières et de l'énergie présentent des marchés relativement stables par rapport aux autres, ce qui les rend attrayants pour les traders débutants.
- **Limitez vos pertes.** Il est si facile d'acheter, mais combien difficile de vendre. Pourquoi est-il si compliqué de liquider un actif qui a gagné 20 % en valeur ? Parce que le trader craint de rater une hausse qui pourrait se prolonger sur plusieurs jours. Pourquoi est-il difficile de se débarrasser d'une action qui a subi une baisse de 10 % ? Parce que le trader espère un redressement qui comblera sa perte.

- **Évitez l'achat sur marge.** Cette technique, qui s'avère être la plus dangereuse pour les traders inexpérimentés, permet de réaliser des profits stratosphériques lorsque le trader mise gros. Toutefois, elle peut également entraîner la fermeture d'un compte de trading en quelques minutes. Plusieurs traders l'ont appris à leurs dépens le 10 octobre 2025, lorsque le Bitcoin et les autres cryptomonnaies ont connu une chute vertigineuse.

Aerospatial	Automobiles-camions	Conglomérats
Consommation discrétionnaire	Construction	Finance
Gros et détails	Medical	Pétrole et gaz
Produits de consommation	Produits industriels	Ressources naturelles
Services	Technologies	Transportation

Figure 9. Différents types d'industries

Les humains ont tendance à voir le futur de manière positive, que ce soit pour leur carrière ou leurs réalisations personnelles. Ils anticipent toujours une amélioration de leur qualité de vie. Cela peut avoir des conséquences négatives sur leur portefeuille financier laissant croire que les gains seront faciles. Lorsque le contraire se produit, les excuses deviennent faciles.

S'initier à la psychologie du trading

Les marchés financiers regorgent d'embûches. À Wall Street, les prédateurs sont prêts à bondir sur les traders naïfs. Après chaque transaction, ceux-ci éprouvent un profond sentiment de culpabilité. Même si vous parvenez à éviter leurs pièges, votre pire ennemi sera toujours vous-même. En définitive, vous serez l'artisan de votre propre malheur.

Il est difficile de maîtriser ses émotions en situation de vente quand les profits s'accumulent. Vous n'aurez pas le courage de presser sur le bouton « VENDRE » lorsque la valeur de l'actif continuera de chuter. Vous aurez peur de passer des ordres stop par crainte qu'ils ne soient déclenchés par des experts.

L'analyse technique n'est pas infaillible. Aucune méthode ne l'est. La gestion des émotions permet aux traders d'éviter les biais de nature optimiste ou pessimiste. Un biais haussier, où les traders ont des attentes exagérées, les poussera à acheter à des prix élevés et à attendre trop longtemps avant de vendre. Les humains sont plus imprévisibles et difficiles à cerner que nous ne le pensons, en particulier dans le monde du trading.

Un autre piège qui menace les traders est le fameux FOMO (fear of missing out), qui pousse certains à acheter n'importe quel actif au prix fort, de peur de rater une occasion unique. Recommandée par un gourou, l'opportunité se transforme souvent en cauchemar si le trader manque à son devoir de faire des recherches sur l'actif ou sur la personne qui en fait la promotion.

Se questionner sur le Stop-Loss

Un stop-loss est un mécanisme de protection contre les pertes imprévues liées aux fluctuations défavorables du marché. Il permet de limiter les pertes lors d'une transaction. Imaginez que vous ayez récemment acquis des actions Tesla à 300 $. Par souci de protection, vous avez placé un ordre stop-loss à 290 $. Si le cours de l'action Tesla chute en dessous de 290 $, l'ordre sera automatiquement activé et la vente sera conclue au prix du marché. La perte minimale sera de 10 dollars par action. Compte tenu de la forte capitalisation boursière, le risque de subir une perte supérieure à 10 dollars est réduit.

L'utilisation du stop-loss est intéressante pour les traders qui ne peuvent suivre de près leur portefeuille. Beaucoup de personnes, dans le cadre de leur emploi, ne peuvent surveiller étroitement les marchés. Heureusement, les téléphones portables permettent aux traders de jeter un œil sur leur portefeuille. Les traders devront attendre la pause ou l'heure du déjeuner pour négocier rapidement des titres. Les ordres stop-loss demeurent cependant utiles pour maintenir une discipline de trading.

Les risques liés à l'utilisation d'un ordre stop-Loss

Pour commencer, je voudrais clarifier ma position concernant les ordres stop-loss. Je ne m'y oppose pas, mais j'ai quelques réserves. Pourquoi ? Les ordres stop sont activés par les fluctuations du marché. De nombreux traders expérimentés travaillant dans des institutions financières s'efforcent de faire déclencher ces ordres. Ces travailleurs de l'ombre utilisent toutes les astuces possibles pour faire baisser les prix et racheter des actions au plus bas.

Il peut arriver qu'un ordre stop soit déclenché à un niveau nettement inférieur à celui initialement déterminé, comme lors d'un krach. Encore en lien avec le krach d'octobre 2025, plusieurs traders se croyaient protégés d'une baisse soudaine. Avec la panique des marchés, les ordres se sont déclenchés beaucoup plus bas et certains ont tous perdu en quelques secondes.

Les ordres stop ne sont pas recommandés pour les actions dont le volume quotidien de transactions est inférieur à 100 000 unités. Ces actions ont des fourchettes de négociation beaucoup trop larges, ce qui augmente le déclenchement des ordres stop. Si vous perdez 10 % sur chacune des transactions, vous perdrez rapidement tout votre capital. Apprenez à maîtriser les risques et à protéger votre capital en investissant dans des actifs d'entreprises qui génèrent des profits.

Les mèches des chandeliers servent souvent à placer les stops, et les requins de Wall Street le savent très bien. Des études ont montré que 70 % des stops placés par les traders sont prévisibles. Cela explique en partie la volatilité du secteur des cryptomonnaies. En effet, la jeune génération de traders afflue vers le marché des cryptos et pense se protéger grâce aux stops. En réalité, c'est tout le contraire : cela alimente le marché.

Comment placer l'ordre Stop

Certains traders utilisent un pourcentage fixe, comme 5 %, 10 % ou même 15 %, pour se protéger des fluctuations, selon leur niveau de tolérance au stress. Le problème avec cette méthode est qu'elle ignore le marché actuel. Chaque jour est différent et unique. Un risque évalué à 5 % peut s'avérer avantageux lorsque la fourchette de négociation est étroite, mais il peut se déclencher rapidement lors de journées agitées.

On peut placer un ordre stop-loss dans les zones de congestion, également appelées niveaux de support et de résistance. C'est la méthode que je préconise. La figure 10 illustre la manière idéale de placer des ordres stop. L'achat doit se faire juste au-dessus du niveau de support. L'ordre stop-loss doit être placé en dessous du chandelier le plus bas qui s'enfonce le plus sous la zone de support. La logique est que la zone de support suivante empêche l'action de chuter.

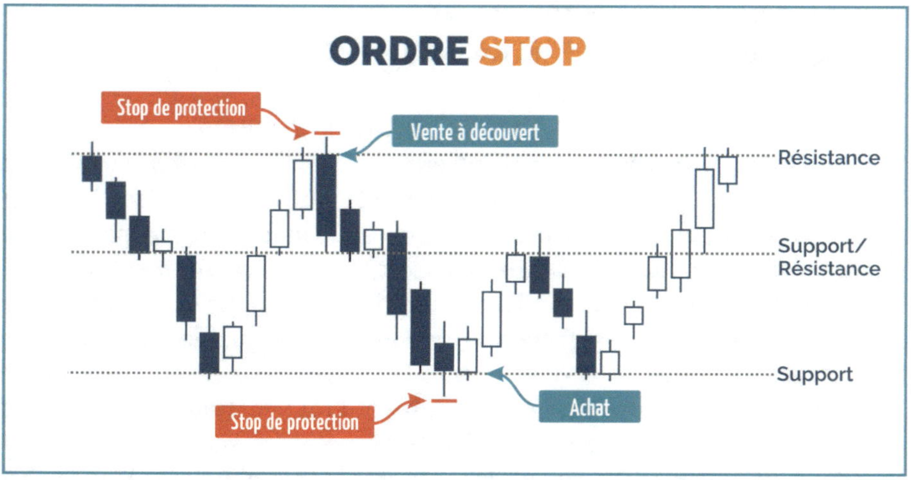

Figure 10. Stop-Loss Order

C'est l'inverse qui se produit lors d'une vente à découvert. Idéalement, une vente à découvert d'un titre devrait se faire juste en dessous de la ligne de résistance. Il faudrait alors placer son ordre stop-loss au-dessus du chandelier qui s'est formé au-dessus de la zone de résistance. La logique veut qu'une zone de résistance empêche un requin de s'emparer de l'ordre.

La gestion des ordres stop peut s'avérer complexe, en particulier lorsqu'il est question de se prémunir contre des baisses imprévues. Les baleines feront tout leur possible pour manipuler le marché afin de déclencher les ordres stop. Les actifs à forte volatilité, comme les cryptomonnaies, sont les plus difficiles à contrôler en raison de leur comportement imprévisible. Les ordres stop sont trompeurs et ne fournissent pas une protection complète.

Acheter ce que vous connaissez

Autrefois, les médias relayaient les mêmes informations pendant plusieurs jours. Aujourd'hui, l'actualité évolue à une vitesse fulgurante, faisant en sorte qu'une nouvelle est vite oubliée. Le trader est dépassé par les quantités d'information, il ne sait plus où donner de la tête. Si votre seule connaissance de l'entreprise se limite à son symbole boursier, vous devez revoir votre approche. Avant d'investir dans un actif financier, posez-vous les questions suivantes :

- Quand les résultats trimestriels seront-ils publiés ?
- Depuis combien de temps l'entreprise est-elle en activité ?
- Depuis combien de temps est-elle cotée en bourse ?
- Qui sont ses principaux rivaux ?
- Quelle est la tendance des cours ?
- Quels sont les hauts et les bas de l'année ?

Se concentrer sur les secteurs qui affichent du momentum

Les stratégies proposées se concentrent sur les événements susceptibles de renverser la tendance à la baisse, dans le but de maximiser les gains lors de la prochaine hausse. Les stratégies avec momentum exploitent les inefficacités du marché, où les prix ne reflètent pas nécessairement la réalité. Ces stratégies exploitent la faiblesse des prix ou les replis du marché, après de fortes hausses. Google Trends est un outil remarquable pour identifier les secteurs économiques en plein essor. Ces dernières années, l'intelligence artificielle, l'or, l'argent, l'énergie nucléaire et l'informatique quantique ont capté l'attention des internautes. L'intérêt pour les résultats de Google Trends se reflète immédiatement dans les graphiques boursiers. Une analyse approfondie permettra de découvrir l'évolution fascinante de ces tendances.

Grâce aux outils d'intelligence artificielle, tels que ChatGPT, les traders peuvent identifier les secteurs économiques les plus florissants de l'année écoulée. Cela accroît leurs chances d'être à la bonne place au bon moment. Même si une action ou une cryptomonnaie est en plein essor, il y aura toujours une correction des prix ou une longue période de consolidation. Le moteur d'un marché haussier réside dans les secteurs très convoités. Les investisseurs devraient profiter de l'engouement actuel autour des secteurs les plus prometteurs.

Apprendre à utiliser les filtres boursiers et cryptos

Les options de filtrage offertes sur diverses plateformes permettent d'effectuer des recherches en fonction de divers critères, tels que le volume, le volume moyen, le prix, le secteur d'activité, la volatilité, le statut de surachat ou de survente. Certains filtres peuvent détecter des patterns, comme les biseaux, les triangles ou les doubles sommets. D'autres permettent de rechercher des patterns de chandeliers. On peut prendre une approche plus classique et rechercher un croisement des moyennes mobiles. Économisez du temps et utilisez l'un de ces outils gratuits ou peu coûteux :

- **Chartmill.com.** Il s'agit d'une plateforme web de recherche et d'analyse boursière, axée sur l'analyse technique et fondamentale. Elle surveille quotidiennement plus de 22 500 actions sur les principales bourses, telles que NYSE aux États-Unis, Euronext en Europe et les marchés du Canada. Ses outils conviviaux de filtrage, de création de graphiques et de génération d'idées de trading la rendent accessible aux utilisateurs débutants et intermédiaires, notamment aux swings traders.
- **Finviz.com.** Cette plateforme permet d'explorer rapidement les marchés, tant d'un point de vue fondamental que technique. Elle permet d'afficher plusieurs graphiques simultanément et d'en conserver ceux qui nécessitent une analyse plus poussée dans une liste de surveillance. La recherche de figures comme le biseau haussier et le triangle haussier est vraiment appréciée. L'accès est gratuit.
- **StockFetcher.com.** La plateforme se distingue par sa capacité à détecter des chandeliers japonais et autres figures. La plateforme propose une centaine de filtres intégrés. On peut créer ses propres filtres en plus de ceux offerts par la plateforme. StockFetcher ne couvre que le marché américain ; c'est là son point faible. Pour plus d'informations sur StockFetcher, veuillez consulter la section « À propos de StockFetcher ».

- **StockCharts.com.** Il s'agit de l'un des fournisseurs de graphiques les plus réputés aux États-Unis. Malgré une interface désuète, la plateforme offre un outil très convivial pour générer des graphiques. Plus de 50 indicateurs et 20 superpositions sont accessibles. StockCharts propose des analyses prédéfinies utiles pour explorer les indicateurs, les figures en chandeliers et les figures P&F. La plateforme couvre sept marchés : le Dow Jones, le S&P 500, le NYSE, le Nasdaq, le TSX, Londres et l'Inde. Pour en savoir plus, veuillez consulter la section « À propos de StockCharts ».
- **TradingView.com.** En raison de son faible coût et de ses nombreuses fonctionnalités, cette plateforme constitue le meilleur choix sur le marché. Elle est idéale pour les traders qui utilisent l'analyse technique ou fondamentale. Elle offre un large éventail d'indicateurs et bénéficie de la contribution active de sa communauté d'utilisateurs au développement de nouveaux indicateurs. Les fonctionnalités de recherche facilitent la découverte d'actions, de FNB et de cryptomonnaies présentant des structures haussières ou baissières. Plusieurs plateformes cryptos offrent la version de base de TradingView.

Les filtres permettent d'affiner la sélection d'actifs selon des critères spécifiques. En période de ralentissement des marchés, les plateformes peuvent restreindre l'offre d'actions ou de cryptomonnaies, empêchant ainsi les traders impulsifs de prendre des décisions hâtives.

Légende

Les symboles suivants seront utilisés tout au long des stratégies pour mettre en valeur différents signaux sur les graphiques boursiers :

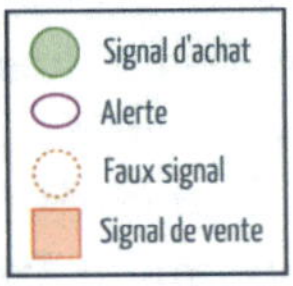

Figure 11. Légende

STRATÉGIE 1 – REBOND SUR FIBONACCI

Cette première stratégie met de l'avant l'importance des retracements de Fibonacci, une technique souvent négligée. Les retracements de Fibonacci sont un instrument indispensable pour le trading et l'analyse des marchés financiers (FNBs, actions et cryptomonnaies). Ils permettent de repérer les niveaux clés de support et de résistance susceptibles d'affecter l'évolution du prix d'un actif financier. Les niveaux de retracement sont basés sur la suite de Fibonacci, une séquence numérique dans laquelle chaque nombre est la somme des deux nombres qui le précèdent :

1, 1, 2, 3, 5, 8, 13, 21, 34, 55, 89, 144...

La séquence de Fibonacci est utilisée dans divers domaines, tels que l'architecture et les arts. Son utilisation permet d'obtenir une distribution ou un agencement visuellement plus attrayant et esthétique. Les niveaux clés de Fibonacci sont 0 %, 23,6 %, 38,2 %, 50 %, 61,8 %, 78,6 % et 100 %. Cette suite a donné lieu à un grand nombre d'outils et au concept brillant du nombre d'or de 0,618. Les retracements de Fibonacci sont principalement utilisés pour les raisons suivantes :

- Identifier les niveaux de support où le prix pourrait rebondir après une baisse.
- Identifier les niveaux de résistance où le prix pourrait rebondir après une hausse.
- Déterminer les secteurs de profits.
- Placer des ordres stop pour se protéger contre les variations soudaines du cours.

Les retracements de Fibonacci reflètent le sentiment collectif des traders face à une variation de prix, généralement situé à un tiers ou deux tiers du creux ou du sommet. Ce n'est pas une règle absolue, mais plutôt une observation fréquente. L'évolution du cours d'un actif est influencée non seulement par des facteurs internes à l'entreprise, mais aussi par la concurrence et des facteurs économiques externes, tels que l'inflation, la rentabilité, les projections et les taux d'intérêt.

Cette stratégie repose sur la correction suivant une augmentation significative du cours d'un actif financier. Il est impossible de prédire avec exactitude la cible finale d'une baisse, mais les niveaux de support et de résistance peuvent aider à identifier des objectifs potentiels. Une hausse spectaculaire suggère qu'une baisse significative du prix est probable. Voici les principaux outils de la stratégie de rebond de Fibonacci :

- Graphique utilisé : quotidien
- Indicateur de tendance : SMA200 pour signaler la tendance haussière
- Indicateur de tendance : EMA34 comme signal d'entrée
- Indicateur de tendance : MACD
- Indicateur de repli : Retracement de Fibonacci.
- Indicateur de volume : Volume Profile pour mettre en évidence les zones d'activité de trading et la zone de support.

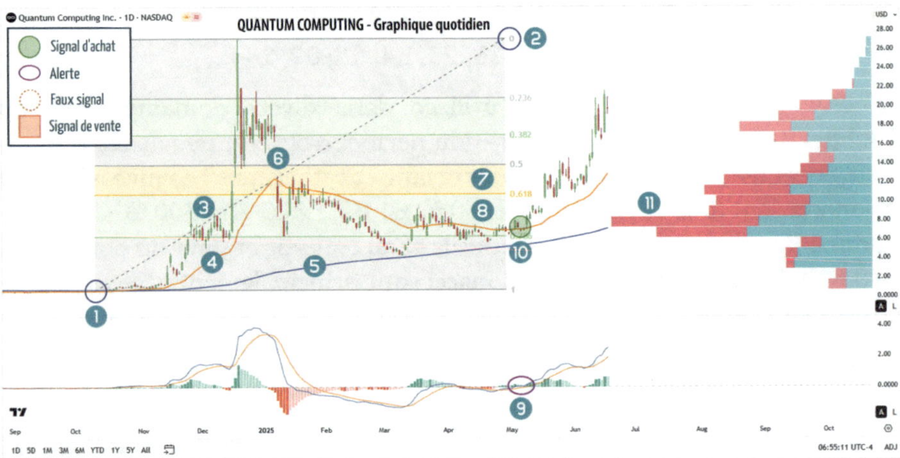

Figure 12. Graphique quotidien de Quantum Computing

La figure 12 illustre le graphique quotidien de Quantum Computing mettant en évidence une hausse spectaculaire à la fin décembre 2025. Considérez les points suivants :

1. Début de la zone de retracement.
2. Fin de la zone de retracement.
3. Phase de consolidation avant la reprise de la hausse.
4. L'indicateur EMA34 sert à identifier un signal d'achat à court terme.
5. La SMA200 sert à confirmer la tendance haussière du cours.

6. Après avoir atteint un sommet, le cours retombe, révélant un gap durant la baisse.
7. Il s'agit de la Golden Zone privilégiée par de nombreux traders.
8. Il s'agit de la Reload Zone privilégiée par les traders agressifs.
9. L'indicateur MACD passe au-dessus de zéro et déclenche une alerte.
10. Le cours dépasse l'indicateur EMA34, qui est orienté à la hausse. La cassure se produit dans la Reload Zone.
11. L'indicateur Volume Profile indique la forte zone de support pour le trader intéressé par un achat.

Le graphique montre que le prix évolue confortablement dans la Reload Zone. C'est rassurant pour les traders, qui voient peu de chances de voir le prix s'inverser à nouveau. Il est rassurant de noter que le prix a formé une base solide sur plusieurs périodes, tant dans la Reload Zone que dans la Golden Zone. Il faut laisser le temps à l'indicateur MACD de se remettre de la chute significative qui s'est manifestée par un gap. Généralement, je fonde mes décisions d'achat sur une combinaison de signaux, d'alertes ou d'indicateurs. Dans le cas de Quantum Computing, il y en a plusieurs :

- Cassure de l'indicateur EMA34
- Le Volume Profile offre un support significatif.
- L'indicateur MACD est en hausse.
- Le cours chute rapidement dans la Reload Zone depuis son sommet.

Cette configuration est assez courante dans le secteur technologique, notamment dans l'intelligence artificielle, les ordinateurs quantiques, les systèmes de stockage d'énergie nucléaire et autres technologies de pointe. Les retracements de Fibonacci sont un outil essentiel pour anticiper les zones de repli potentielles. Bien qu'ils ne soient pas présents dans toutes les stratégies, ils demeurent indispensables pour les traders souhaitant améliorer leurs performances. Le mécanisme d'un retracement n'est pas infaillible et doit être étayé par d'autres éléments ou indicateurs.

Au fil des ans, j'ai établi une règle d'or en ce qui a trait aux retracements de Fibonacci : toujours attendre qu'un actif avec momentum ait fait un repli d'au moins 50 % avant d'y investir.

STRATÉGIE 2 – FAIR VALUE GAP

Ce chapitre doit être considéré comme un concept plutôt qu'une tactique fondée sur des indicateurs techniques. Le Fair Value Gap (FVG) est moins connu que le Gap, qui désigne l'espace entre deux chandeliers consécutifs. Le FVG est une zone de déséquilibre causée par le mouvement chaotique de deux ou trois chandeliers. Ces turbulences créent une zone de faible liquidité, prête à être comblée. Le FVG est principalement utilisé dans les techniques de Smart Money et de Market Structure. Un Gap peut être un FVG, mais un FVG n'est pas nécessairement un Gap.

Utilisons les principes de support et de résistance pour repérer les zones de retournement. Selon le concept Fair Value Gap, les zones de faiblesse ont tendance à attirer le cours en cas de retournement. Les traders peuvent utiliser l'indicateur FVG, développé par Nephew Sam et disponible gratuitement sur TradingView (illustré à la figure 13).

Figure 13. Solana et deux Fair Value Gaps

L'indicateur FVG montre des zones de faiblesse : rouge lors les tendances baissières et vert lors les tendances haussières. Le point 1 met en évidence la formation du FVG haussier, constitué de trois chandeliers juxtaposés. Ce FVG haussier correspond à la zone où les chandeliers ne sont pas superposés.

Le trader contrôle la durée d'affichage du FVG. Le point 1 montre que le FVG a une durée de 25 périodes, après quoi il disparaît. Au fil du temps, un FVG non rempli tend à s'affaiblir, à l'image d'un Gap. Le point 2 montre un FVG dans une zone baissière avec trois chandeliers juxtaposés. Le chandelier baissier étendu au milieu indique une liquidité réduite. Le FVG baissier sera rempli lorsque le prix de l'action atteindra ce niveau, sinon il disparaîtra après 25 périodes.

Les traders aiment voir de longs chandeliers haussiers, car ils représentent une hausse importante du cours. Cependant, ils doivent être conscients du risque d'un revirement brutal. Une tendance haussière pleine de replis sera plus lente, mais rassurante. À l'instar du Gap, le FVG constitue un signe de faiblesse, et il y a une forte probabilité que le cours revienne à cet endroit. Même sans prédire l'avenir, les traders peuvent utiliser ces zones pour définir un stop de protection. En cas d'achat, le stop devrait se situer sous le FVG.

Figure 14. Nu Scale Power et un Fair Value Gap

Le graphique de la société Nu Scale Power (Figure 14) affiche une hausse depuis le début avril. Les zones rectangulaires verts et rouges représentent les FVGs. Voici une ventilation des différentes zones :

1. Le petit rectangle vert s'est affiché automatiquement lors de l'apparition du Gap. Notez la fluctuation du cours au-dessus du rectangle.

2. J'ai ajouté un rectangle bleu pour mettre en lumière une fourchette de négociation significative par rapport aux périodes précédentes. Le bas du rectangle constitue un niveau de support intéressant, tandis que le haut constitue une zone de résistance, qui se transformera en zone de support plus tard.

En tenant compte du FVG, le trader peut placer un ordre stop sous la ligne de support à 25,44 $. Sans être une stratégie dépendante des indicateurs techniques, le FVG peut s'avérer utile pour repérer les points de retournement potentiels que le cours pourrait atteindre. Même si le rectangle disparaît après 25 périodes, il est possible que le cours revienne à ce niveau. Le trader peut donc choisir de conserver les rectangles en place pour comparer avec les mouvements futurs. Il suffit de cocher et décocher l'option « Supprimer les cases après remplissage », selon les besoins des traders.

Comme les retracements de Fibonacci, le FVG est un outil prédictif qui permet de prévoir les variations possibles des cours. Bien qu'il ne soit pas infaillible, il permet de mieux comprendre un peu plus l'imprévisibilité des cours. Les chandeliers japonais à longues mèches signalent les zones où les ordres stop sont susceptibles d'être nombreux. Ils attirent les « requins » qui cherchent à acheter des actifs à prix réduit. Le cours pourra poursuivre sa trajectoire haussière seulement si la zone est comblée.

STRATÉGIE 3 – MOYENNE MOBILE À 200 PÉRIODES

De nombreux investisseurs éprouvent de l'anxiété à l'idée d'acheter un actif financier, car ils ont du mal à identifier le moment idéal. Faut-il se fier à un seul indicateur ? Est-ce que la formation d'un chandelier haussier est suffisante ? Est-ce que le cours rebondira vers une zone de consolidation antérieure ? Ce sont des questions qui ne sont pas facilement résolues par les débutants. Selon la stratégie du chapitre actuel, un actif financier devient attrayant à l'achat lorsque son cours dépasse la moyenne mobile haussière à 200 périodes (SMA200). C'est la règle de base.

Cela signifie également que l'actif financier gagne en momentum et que les haussiers dominent le marché. Le trader peut alors envisager d'acheter en se basant sur un indicateur de tendance ou de tout autre indicateur et/ou pattern haussier. Pour trouver des actifs appropriés, utilisez une requête en mode quotidien sur TradingView ou toute autre plateforme pour filtrer des actions, par exemple :

1. Affichez les actions dont le volume d'échange quotidien est d'au moins 500 000 unités.
2. Affichez les actions dont le prix actuel est supérieur à la moyenne mobile (SMA200).
3. Afficher les actions supérieures à 10 $ pour exclure les petites capitalisations.
4. Afficher les actions avec un MACD compris entre -1 et 0.

Cette première étape fournit au trader une liste d'actifs à vérifier. Il peut modifier les critères et ajouter d'autres filtres à sa guise, afin de filtrer plus précisément des actions, des FNBs ou des cryptomonnaies. Les solutions sont nombreuses ; les possibilités sont infinies.

Voici les outils recommandés pour cette stratégie de retournement :

- Graphique à utiliser : Quotidien
- Indicateur de tendance : SMA200.
- Indicateur de tendance : EMA34 comme signal d'entrée.
- Indicateur de tendance : MACD comme signal d'entrée.
- Indicateur de momentum : StochRSI à 14 périodes, paramètres K = 5 et D = 1 pour afficher les conditions de surachat et de survente.
- Indicateur de support et de résistance : LuxAlgo MTF Support Resistance Signals.

La figure 15 présente le graphique quotidien de la société Advanced Micro Devices, sélectionné parmi une myriade d'actions grâce aux outils de recherche de TradingView. AMD est actif dans le secteur des semi-conducteurs. Notez que l'indicateur SMA200 revient à la hausse au centre du graphique.

Figure 15. Advanced Micro Devices et la stratégie SMA200

Voici un bref résumé du graphique :

1. La SMA200 est baissière. Il faut patienter et attendre un revirement haussier.
2. Zone de surachat de l'indicateur StochRSI.
3. Zone de survente de l'indicateur StochRSI.
4. Le cours franchit la SMA200 qui reste baissière.

5. La SMA200 est passée en tendance haussière, mais un nouveau signal haussier est nécessaire avant d'entrer sur le marché.
6. L'indicateur StochRSI est sorti de sa zone de survente, déclenchant une alerte positive.
7. Un signal d'achat est déclenché : l'indicateur MACD émet une alerte positive et le prix passe au-dessus de l'indicateur EMA34.

L'indicateur *MTF Support Resistance Signals* met en évidence les zones de support et de résistance, ce qui facilite la prévision des fluctuations du cours. Au point 7, le cours a rebondi sur un niveau de support avant de déclencher un signal d'achat. Cette donnée est plutôt réconfortante pour le trader. Le renversement de la SMA200 vers le haut est un mouvement fort qui ment rarement. Recherchez une SMA200 carrément baissière pour éviter les actifs qui ont du mal à indiquer une direction claire. Le processus de sélection d'un actif peut s'avérer fastidieux. Il est donc dans l'intérêt du trader de l'ajouter à une liste de surveillance et d'y revenir de temps à autre. Seul l'avenir nous dira si l'actif était un bon choix.

STRATÉGIE 4 – DÉTECTER LE POINT TOURNANT

En voulant réduire le risque, le trader diminue le nombre d'actifs en sa possession et négocie avec prudence les marchés. Nombreux sont ceux qui veulent passer à un prochain niveau et qui ont de la difficulté à identifier les points de bascule. L'appel aux moyennes mobiles demeure efficace. Les traders n'ont qu'à surveiller les cassures à la hausse ou à la baisse ; c'est la base de l'analyse technique. Cependant, les traders en veulent plus !

Bill Williams, un trader et analyste technique chevronné, a développé l'indicateur Williams Fractals et l'a présenté dans son ouvrage datant de 1995, intitulé *Trading Chaos*. Certains pourraient avancer que Williams et son livre ont été parmi les premiers à intégrer les fractales en tant qu'élément clé du trading. Selon Williams, une fractale se compose de cinq chandeliers consécutifs, et sert à identifier les retournements de tendance :

- Fractale haussière : le chandelier le plus haut est au milieu, encadré par deux pics inférieurs de chaque côté.
- Fractale baissière : le chandelier le plus bas est au centre, flanqué de deux creux supérieurs de chaque côté.

L'indicateur Williams Fractal vise à détecter les points tournants à travers les hauts et les bas. Plutôt que d'utiliser une moyenne mobile, Williams s'en tient davantage à la réalité du marché pour identifier le point de retournement le plus récent. L'indicateur est configuré par défaut sur cinq chandeliers.

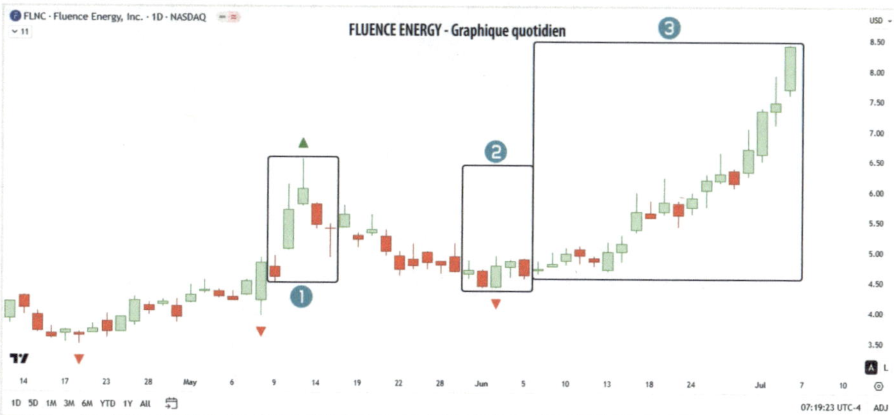

Figure 16. Graphique quotidien de la société Fluence Energy Fractals

La figure 16 montre trois rectangles pour aider à comprendre la dynamique derrière l'indicateur Williams Fractals :

1. Une fractale baissière (indicateur de sommet) indique la fin de la tendance haussière pour un groupe de cinq chandeliers.
2. Une fractale haussière (indicateur de creux) indique la fin de la tendance baissière pour un groupe de cinq chandeliers.
3. Un groupe de chandeliers qui continue d'être connecté au signal haussier précédent fourni par l'indicateur Williams Fractals.

Pour s'aligner sur les variations d'un actif financier, les traders peuvent ajuster les paramètres. Que le nombre soit pair ou impair n'a pas d'importance, car l'indicateur pointe vers le milieu du groupe. Voici les outils recommandés pour repérer les points tournants :

- Graphique à utiliser : Hebdomadaire
- Indicateur de retournement : Williams Fractals à 10 périodes
- Indicateur de repli : Retracement de Fibonacci
- Indicateur avancé : StochRSI à 14 périodes, paramètres K=5 et D=1 indiquant les conditions de surachat et de survente

La figure 17 montre le graphique hebdomadaire d'Apple, qui a débuté une tendance haussière au début de l'année 2023.

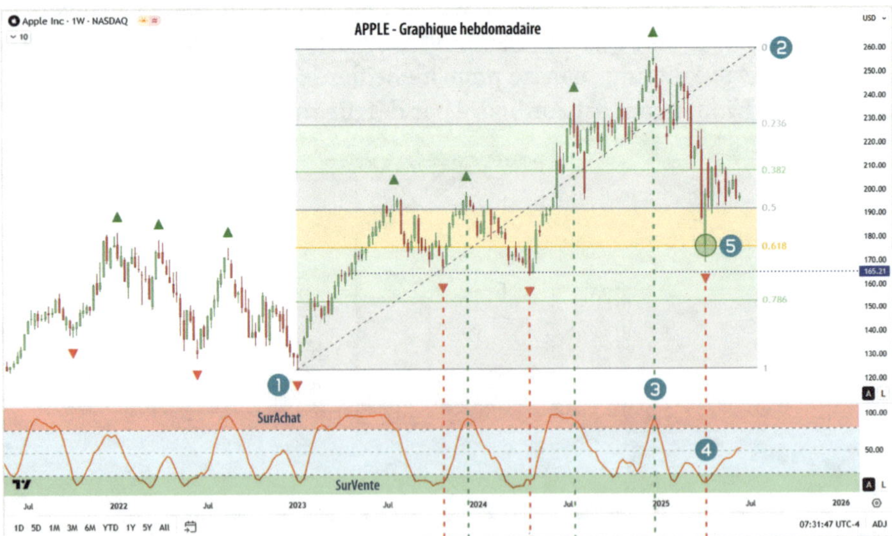

Figure 17. Apple et Williams Fractals

Voici une analyse du graphique hebdomadaire :

1. Le point de départ des retracements de Fibonacci correspond à la fractale haussière indiquant la fin de la tendance baissière.
2. Le point final des retracements de Fibonacci correspond à la fractale baissière indiquant la fin de la tendance haussière.
3. L'indicateur StochRSI indique que le sommet de la tendance actuelle est en position de surachat.
4. L'indicateur StochRSI est en survente, ce qui est favorable à l'achat.
5. Une fractale baissière approche de la Reload Zone, ce qui constitue un excellent point d'entrée. Les nombreux pics à gauche servent de support.

Les traders peuvent recourir à d'autres indicateurs de tendance pour confirmer leurs achats. L'indicateur Williams Fractals est un excellent complément, car il prend très peu d'espace et peut être facilement intégré à n'importe quelle stratégie d'investissement. Il est bénéfique de renforcer sa confiance en combinant d'autres alertes et d'autres signaux.

STRATÉGIE 5 – DIVERGENCES

Vous connaissez l'expression « divergence d'opinions », qui signifie avoir un point de vue différent de celui des autres. En analyse technique, on rencontre un narratif semblable. Un indicateur ou un oscillateur qui va à l'encontre de la tendance d'un actif est une divergence. Un renversement de tendance éventuel, je pèse mes mots, peut se produire à court terme. Une divergence doit être considérée comme un indicateur avancé, comme le RSI ou la Stochastique. Il existe deux types de divergences :

- **Divergence haussière.** On observe une divergence haussière lorsque l'indicateur est en hausse et que le cours de l'action est en baisse. L'apparition d'une divergence haussière indique que la tendance baissière des cours s'essouffle ; il est recommandé d'envisager un achat.
- **Divergence baissière.** On observe une divergence baissière lorsque l'indicateur est en baisse et que le cours de l'actif est à la hausse. Il est fort possible que le cours baisse lors des prochaines périodes. Une divergence baissière signale la fin d'une tendance haussière, alors soyez prêt à vendre.

Cette approche peut sembler confuse au premier abord. Pour bien la comprendre, il faut analyser le lien entre les niveaux de surachat et de survente d'un indicateur et du cours. Les divergences haussières sont assez fréquentes sur les graphiques boursiers. Certaines personnes soutiennent que ces divergences échouent la plupart du temps. La crédibilité d'une divergence haussière dépend de la solidité des indicateurs qui l'accompagnent.

Une divergence ne doit pas être considérée comme la simple possibilité d'un changement de tendance. Elle peut également signaler la poursuite de la hausse du prix, grâce à la présence d'autres indicateurs haussiers. Pour confirmer une divergence, utilisez des indicateurs de suivi de tendance (EMA, SMA, MACD, DMI ou Parabolic SAR) ou des indicateurs avancés (stochastique, RSI, ROC ou Chaikin Money Flow). La figure 18 montre des divergences négatives et positives entre le cours et un indicateur.

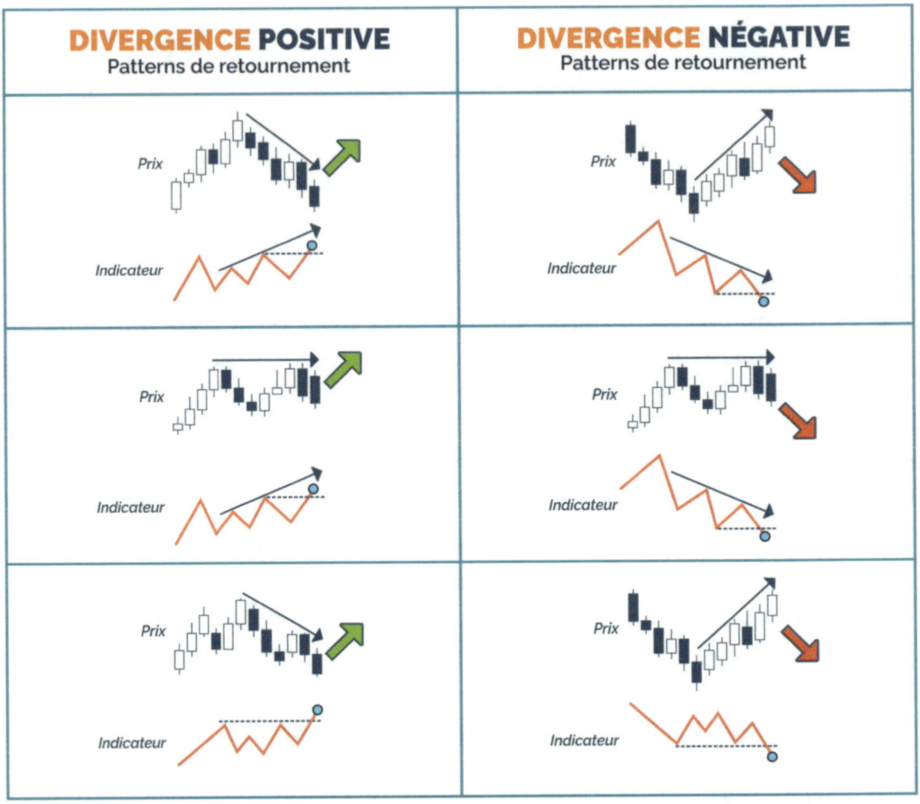

Figure 18. Divergence positive et négative

Comment trouver une divergence haussière

La meilleure façon de les identifier est d'utiliser un filtre de recherche comme Finviz, StockFetcher, StockCharts ou TradingView. D'autres indicateurs peuvent être ajoutés à un graphique pour souligner les divergences. Avec l'expérience, on peut détecter une divergence sans utiliser de lignes droites. Bien que ce ne soit pas un filtre, l'encadré suivant explique la logique derrière la recherche d'une divergence haussière entre le prix d'un actif et un indicateur.

Divergence positive

Mouvement des prix. Formation d'un bas plus bas

Indicateur MACD ou RSI. Formation d'un bas plus haut

Interprétation. Alors que le prix atteint de nouveaux plus bas, l'indicateur se renforce, signalant un potentiel retournement à la hausse.

La plupart des plateformes d'analyse technique offrent amplement d'indicateurs pour déceler des divergences. Vous rencontrerez de nombreux spécialistes proposant de nouveaux indicateurs. Ceux listés précédemment suffiront pour détecter des divergences positives et négatives. Par conséquent, il est inutile d'investir de l'argent pour obtenir l'indicateur miracle.

Exemple d'une divergence positive

Une divergence haussière indique un indicateur en hausse alors que le prix affiche une tendance baissière. Cela indique que la tendance baissière est sur le point de s'inverser.

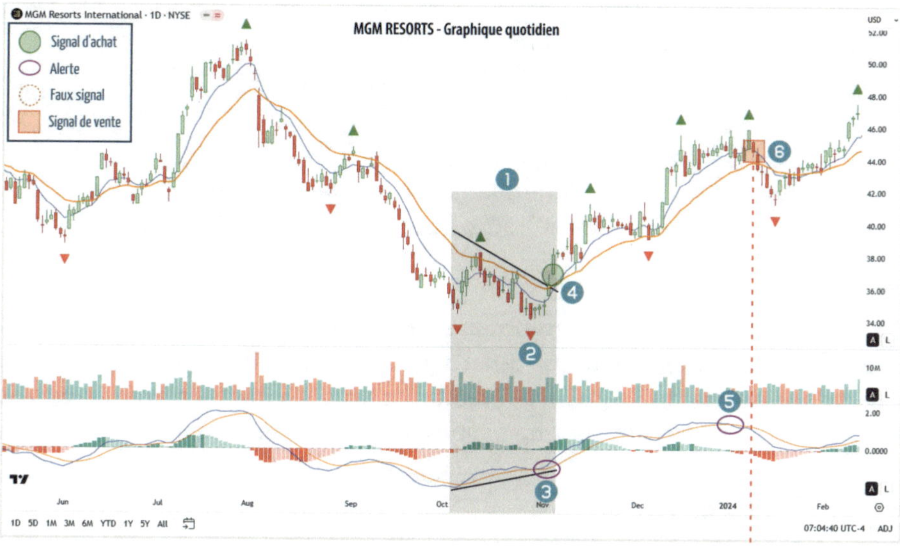

Figure 19. MGM et une divergence positive

La figure 19 présente le graphique quotidien de MGM Resorts. Une divergence haussière est apparue après un déclin amorcé en août. Voici les points clés :

1. Le rectangle gris met en évidence la divergence positive.
2. Le prix affiche une fractale haussière.
3. L'indicateur MACD affiche un croisement haussier.
4. Le cours passe au-dessus des indicateurs EMA13 et EMA34 et déclenche un signal d'achat.
5. L'indicateur MACD déclenche une alerte négative.
6. Une fractale baissière génère une alerte négative, mais une autre fractale haussière sera lancée quelques jours plus tard.

Les fluctuations importantes du graphique sont avantageuses pour les traders qui veulent entrer ou sortir du marché. Les signaux sont plus fiables et réduisent le risque d'inversion soudaine et inopinée du cours.

Comment trouver une divergence baissière

Une divergence baissière se manifeste par un indicateur en baisse alors que le prix est en hausse. Lorsque l'indicateur comme le RSI passe sous 50 et atteint un plus bas, cela signifie que la pression diminue. Le momentum est en baisse. Préparez-vous à une baisse du cours. L'encadré ci-dessous illustre la logique pour trouver une divergence baissière.

Divergence négative

Mouvement des prix. Formation d'un haut plus haut.

Indicateur MACD ou RSI. Formation d'un haut plus bas.

Interpretation. Alors que le prix atteint de nouveaux plus haut, l'indicateur faiblit, signalant un potentiel retournement à la baisse..

Exemple d'une divergence négative

La figure 20 présente le graphique quotidien d'IONQ, une entreprise spécialisée dans l'informatique quantique. Le secteur a enregistré des gains exceptionnels à la fin de 2024. Septembre marque la fin des retracements de Fibonacci, qui couvre une bonne partie de la tendance haussière.

Figure 20. IONQ et une divergence négative

L'indicateur FVG développé par Nephew Sam a également été utilisé pour détecter les zones vulnérables. L'indicateur Williams Fractals confirme les inversions. Voici les principaux éléments à prendre en compte :

1. Une droite de tendance haussière a été tracée.
2. L'indicateur RSI montre une divergence négative, signalant la fin possible de la tendance haussière. Une option a été activée pour l'indicateur RSI afin d'afficher de petits drapeaux baissiers.
3. Le prix chute rapidement dans la Golden Zone. Un important FVG a été créé à la suite de cette baisse. Le cours chute jusqu'à la Reload zone.
4. L'indicateur RSI est en territoire neutre. Le cours est de nouveau à la hausse et forme un plateau. Le grand FVG ne sera fermé que lorsque les chandeliers clôtureront au-dessus du rectangle rouge.
5. Le RSI vient d'atteindre son plus bas niveau depuis six mois, ce qui constitue une alerte qui se termine souvent par un renversement significatif.
6. Un fractal haussier (indicateur de creux) déclenche un signal de retournement favorable aux acheteurs.

D'autres indicateurs peuvent renforcer la présente stratégie. Les divergences freinent les traders trop confiants qui tentent de défier les tendances du marché. Elles montrent que les fluctuations des actifs financiers ne sont pas unidirectionnelles. Tout actif qui connaît une forte croissance, comme IONQ, finira par s'inverser.

STRATÉGIE 6 – DUO DMI ET STOCHASTIQUE

Plusieurs indicateurs peuvent être utilisés pour optimiser les points d'entrée et de sortie. Au cours des trente dernières années, j'ai testé de nombreuses combinaisons d'indicateurs appartenant à diverses catégories. Le duo DMI et stochastique s'est révélé être un combiné gagnant, générant d'excellents signaux d'achat. Cette stratégie consiste à identifier un creux profond de la stochastique, combiné à un signal haussier de l'indicateur Directional Movement Index (DMI).

Le concept de l'indicateur DMI doit être attribué à Welles Wilder. Cet indicateur n'est pas populaire auprès des traders ; plusieurs le trouvent difficile à interpréter. L'indicateur DMI est un ensemble d'indicateurs qui suivent et mesurent la direction et l'intensité des fluctuations du marché. Il se compose de trois éléments :

- **Average Directional Index (ADX).** Cet indicateur mesure la force d'une tendance, qu'elle soit haussière ou baissière. Plus la valeur de l'ADX est élevée, plus la tendance est dynamique, qu'elle soit haussière ou baissière. L'ADX est dérivé des deux autres indicateurs : +Di et –Di. L'ADX ne déclenche pas de signaux d'achat ou de vente. Une tendance forte est observée lorsque l'ADX est supérieur à 20. À l'inverse, si l'ADX descend en dessous de 20, la tendance est considérée comme faible ou en période de consolidation.
- **Plus Indicateur Directionnel (+Di).** La courbe +Di mesure le sentiment haussier. Un signal d'achat est déclenché lorsque la courbe +Di passe au-dessus de la courbe –Di.
- **Minus Indicateur Directionnel (-Di).** La courbe –Di mesure le sentiment baissier. Un signal de vente est généré lorsque la courbe –Di passe en dessous de la courbe +Di.

En ce qui concerne la stratégie de trading, je commence par surveiller l'ADX lorsqu'il surpasse 20. La tendance prend de la force. Quant aux indicateurs +Di et –Di, j'observe les croisements qui déclenchent un signal d'achat ou de vente. De son côté, l'oscillateur stochastique est un indicateur de momentum qui détecte rapidement les changements et qui déclenche régulièrement des divergences. Ne fondez jamais une décision d'achat ou de vente sur la seule lecture de cet indicateur. La stochastique sert uniquement à faire ressortir les actifs en zone de surachat ou de survente. J'apprécie particulièrement les zones extrêmes affichées par l'indicateur, contrairement au RSI.

Une zone de surachat ou de survente ne signifie pas que l'actif est en retournement de tendance. Il s'agit plutôt d'un signe de surchauffe. Une stochastique inférieure à 20 indique que l'action est en zone de survente. Si l'indicateur dépasse 20, il s'agit d'une alerte positive. Il ne reste qu'à attendre une alerte positive d'un indicateur retardé. Lorsque la stochastique passe sous 80, c'est une alerte baissière. On attend une alerte baissière d'un indicateur retardé.

Exemple duo DMI & Stochastique

Lorsque vous recherchez des tendances, misez sur des indicateurs qui affichent des niveaux bas. Cela offre plus de marge de progression. La figure 21 illustre le graphique quotidien de la société BlackBerry. Voici les outils de choix pour la stratégie DMI et Stochastique :

- Graphique à utiliser : Quotidien.
- Indicateur de support et de résistance : Volume Profile.
- Indicateur de retournement : Fractales Williams 10.
- Indicateur avancé : Stochastique 14 périodes, paramètres K = 5 et D = 1.
- Indicateur retardé : DMI pour afficher les signaux d'achat et de vente.

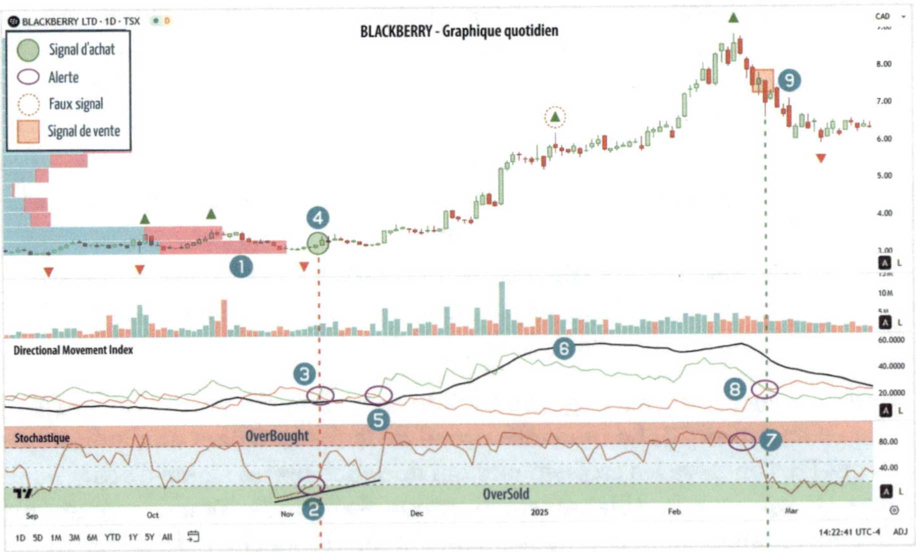

Figure 21. BlackBerry et le duo DMI-Stochastiquel

Considérez les points suivants :

1. **Tendance antérieure.** La tendance à la baisse s'est terminée au début du mois d'août. Par la suite, un canal de consolidation se forme et le prix évolue dans une tendance latérale.
2. **Stochastique.** L'indicateur affiche une alerte positive.
3. **DMI.** Les indicateurs +Di et –Di affichent un croisement positif.
4. **Signal d'achat.** L'indicateur Volume Profile affiche un puissant support. L'indicateur Williams Fractal avait précédemment signalé une fractale haussière. Un signal d'achat est déclenché.
5. **Signal d'achat.** L'indicateur DMI affiche une alerte haussière. L'indicateur ADX reste relativement bas, tandis que l'indicateur Stochastique est en zone de surachat. Le volume est en hausse.
6. **Tendance forte.** L'indicateur ADX a atteint son sommet, indiquant une forte tendance haussière. Cependant, une fractale baissière apparaît simultanément. Cela peut être interprété comme un faux signal, car la tendance reste haussière. Attention à l'indicateur +Di, qui est à la baisse.
7. **Stochastique.** L'indicateur Stochastique affiche une alerte baissière. Les indicateurs +Di et –Di semblent s'inverser et l'ADX perd de sa puissance.
8. **DMI.** Les indicateurs +Di et –Di affichent un croisement négatif. Les traders agressifs ont déjà liquidé leurs positions.
9. **Signal de vente.** Les alertes négatives culminent vers la vente.

L'indicateur Williams Fractal est efficace lors de fortes fluctuations de prix, car il répond rapidement. Cependant, en période de consolidation ou de faible progression, il peut afficher de faux signaux. Il est donc nécessaire d'utiliser d'autres indicateurs pour peaufiner les analyses. L'indicateur DMI est un système de trading à part entière, tout comme Ichimoku, que nous aborderons plus tard.

Au fil des ans, j'ai affiné mes techniques de sortie. En réalité, je ne me fie pas toujours au même indicateur pour entrer et sortir du marché. Pour moi, les signaux d'achat déclenchés par le croisement des indicateurs +Di et –Di sont plus efficaces que les signaux de vente. Si un fractal baissier se déclenche, je consulte la Stochastique. En cas d'alerte négative, je vends immédiatement sans attendre de signal de vente du DMI ou de tout autre indicateur retardé.

STRATÉGIE 7 – PATTERN TASSE AVEC ANSE

Le rythme effréné du milieu financier incite les traders à agir trop rapidement face à certaines configurations qui peuvent prendre des semaines, voire des mois, avant de se concrétiser. L'un de ces patterns est la Tasse avec anse. Cette figure est souvent ignorée ou sous-estimée par rapport à d'autres. Lorsque je pense à ce pattern, je vois une marmite bouillante prête à exploser. La figure de la Tasse avec anse est comparable au Vésuve au bord d'une éruption. On ne connaît pas la date exacte, mais on sait que ça va venir un jour.

Les requins de Wall Street apprécient grandement l'énigmatique Tasse avec anse. Ils savent pertinemment que les traders vont se décourager et abandonner leurs positions. Les requins l'utilisent pour avaler les ordres stop et amasser des actifs à prix réduit. La figure 22 présente le modèle théorique.

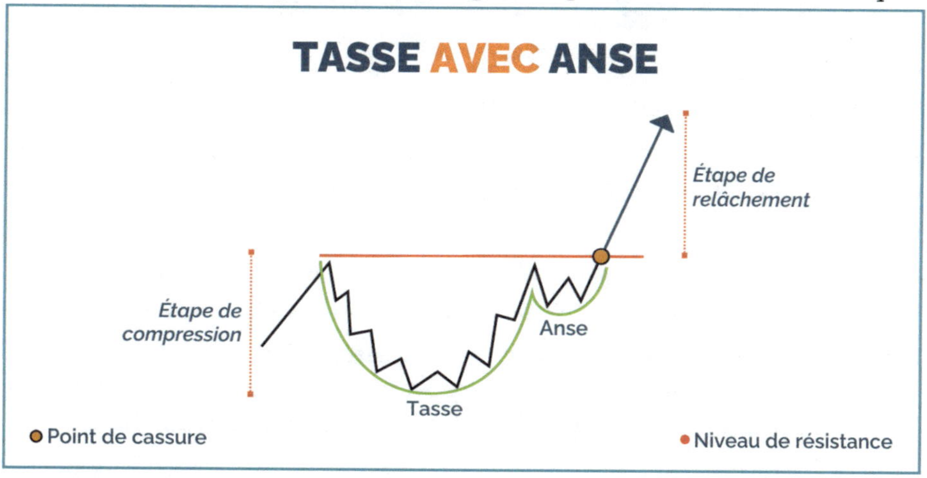

Figure 22. Le pattern Tasse avec anse

Le modèle est divisé en deux étapes :

- Étape de compression : formation de la Tasse avec anse.
- Étape de relâchement : l'objectif minimal correspond à la hauteur de l'étape de compression.

La formation d'une Tasse avec anse nécessite plusieurs périodes : semaines, voire des mois. Prise isolément, elle ressemble à un creux arrondi qui semble voué à un échec. Cependant, pour ceux qui ont acheté l'actif, l'espoir demeure. Si la baisse se limite à la moitié de la hauteur de la tasse, on peut penser qu'une poignée est en formation. Si le fond de la poignée s'aligne sur un niveau de support, le trader audacieux peut se lancer sur le marché. Le trader prudent, par contre, attendra la puissante rupture de la résistance avant d'intervenir.

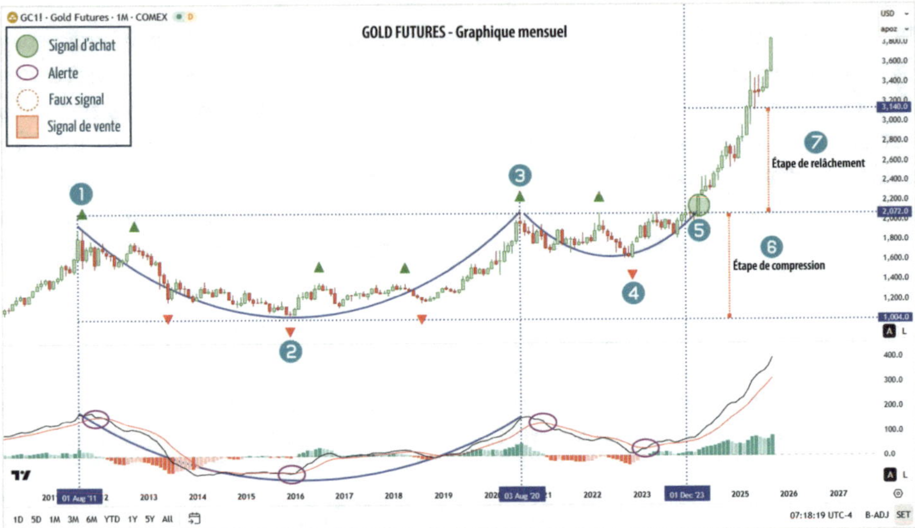

Figure 23. Gold et le pattern Tasse avec anse

Le graphique mensuel de l'or (figure 23) révèle un pattern Tasse avec et anse qui a duré plus d'une décennie et a culminé avec une cassure brutale. Voici les points clés à retenir :

1. La figure a débuté en août 2011. L'indicateur MACD a émis une alerte négative, soutenue par l'indicateur Williams Fractals.
2. Fin 2015, la base de la Tasse est complétée. L'indicateur Williams Fractals déclenchant une alerte positive, renforcée par un croisement haussier de l'indicateur MACD. De 2018 à 2021, l'or a affiché un momentum haussier.
3. La forme de la Tasse s'est développée sur une période de neuf ans et a culminé en août 2020. Une alerte négative est apparue peu après.
4. Le prix diminue de moitié la hauteur de la Tasse. Les indicateurs Williams Fractals et MACD génèrent des alertes haussières.
5. Le prix franchit finalement le niveau de résistance à 2072 $.

6. L'étape de compression, incluant la formation de la tasse et de l'anse, aura duré près de 13 ans.
7. L'étape de relâchement a été explosive. La valeur a dépassé l'objectif de 3 140 $ en moins de deux ans.

Après cette percée, l'or a suivi une trajectoire ascendante qui aurait dû commencer pendant la pandémie, alors que tous les autres biens et services étaient en forte augmentation. Cependant, de nombreux traders ont perdu patience et se sont retirés du marché de l'or. C'est ce qu'on appelle la capitulation par le temps. Alors que certaines entreprises technologiques ont réalisé des gains astronomiques en quelques jours, les traders ont perdu confiance dans les matières premières. La figure 24 montre le pattern incomplet de la Tasse avec anse pour l'argent, qui a débuté en 1980. Compte tenu du retard de l'argent par rapport à l'or, on peut prévoir une fulgurante envolée.

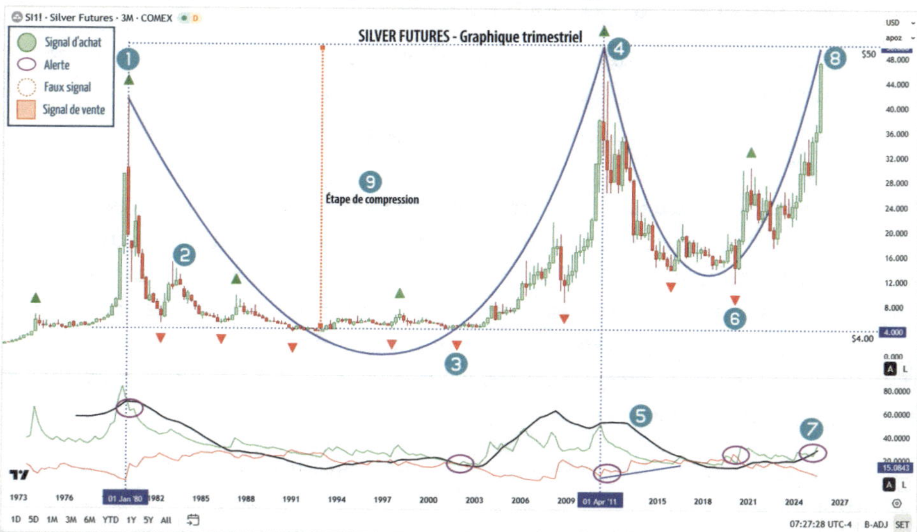

Figure 24. L'argent et le pattern en construction Tasse avec anse

Voici les principaux points à retenir :

1. Le pattern a débuté en janvier 1980, le prix augmentant de 4 $ à 40 $ en moins de deux ans. Les indicateurs Williams Fractals et DMI ont émis des alertes négatives. Le prix est redescendu à 4 $.
2. De 1980 à 1994, le cours est dans une interminable tendance baissière. L'indicateur ADX confirme la faiblesse du marché. Les indicateurs +Di et –Di s'aplatissent et se croisent sans conviction.

3. De 1995 à 2003, le cours est resté stable. Par la suite, les indicateurs Williams Fractals et DMI ont émis des alertes positives. Le cours a amorcé une ascension fulgurante, stimulée par la grande crise financière de 2007.
4. Les traders se sont ensuite réfugiés dans l'argent, ce qui a entraîné une hausse de son prix jusqu'à 50 $ en avril 2011. On a pu observer la formation d'un chandelier rouge avec une longue mèche supérieure confirme le rejet de ce sommet.
5. Après avoir atteint son pic, l'indicateur ADX perd de son élan, entraînant un recul rapide du marché.
6. La base de la courbe coïncide avec le début de la pandémie. Le cours fluctue énormément. L'indicateur +Di passe au-dessus de l'indicateur –Di et déclenche une alerte positive. L'indicateur ADX était à son plus bas niveau en près de 20 ans.
7. Le cours a connu une hausse parabolique en moins de trois ans, et l'indicateur ADX indique que le momentum est de retour.
8. Le cours flirte avec le premier objectif de 50 $.

Compte tenu du retard de l'argent par rapport à l'or, de nombreuses personnes attendent une progression remarquable. Le ratio or/argent est actuellement de 83, alors qu'il était de 53 en l'an 2000. Cela signifie que l'argent a considérablement reculé par rapport à l'or. Toutefois, la demande croissante d'argent dans les secteurs de l'énergie et du calcul haute performance laisse présager un avenir prometteur pour ce secteur. Il faut aussi considérer l'augmentation importante du budget alloué à la défense.

La figure Tasse avec anse est l'une des plus puissantes. Elle est facilement identifiable une fois que la moitié de l'anse a été modelée. On ne peut suspendre tous ses actifs en attendant la cassure de cette figure. Certaines plateformes plus avancées permettent de trouver des figures Tasse avec anse, mais ces solutions sont coûteuses. J'hésite à faire des recommandations, mais une simple recherche sur internet vous donnera plusieurs options.

STRATÉGIE 8 – LA RENAISSANCE DU GAP BAISSIER

Un gap c'est l'écart entre deux chandeliers consécutifs. C'est un vide qui représente une cassure dans une tendance. Un écart baissier est généralement causé par des nouvelles économiques affectant un secteur particulier. Cela peut être une hausse des taux d'intérêt, un échec d'essai clinique ou la découverte d'activités financières frauduleuses. Les investisseurs qui osent conserver des actions avant la divulgation des résultats financiers s'exposent au risque de subir un gap baissier, si l'annonce est défavorable.

Le pattern Réveil du gap baissier

Chaque action qui enregistre un Gap baissier doit être incluse dans une liste pour un suivi ultérieur. Certains actifs peuvent prendre plus de temps pour se rétablir que d'autres. Notez que la plupart des gaps finissent par être comblés. Ce pattern présente plusieurs traits distinctifs :

- Un Gap baissier survient souvent après une hausse soutenue du cours.
- Les Gaps à la baisse de plus de 10 % sont relativement fréquents.
- La fermeture du Gap peut s'étendre sur plusieurs mois.

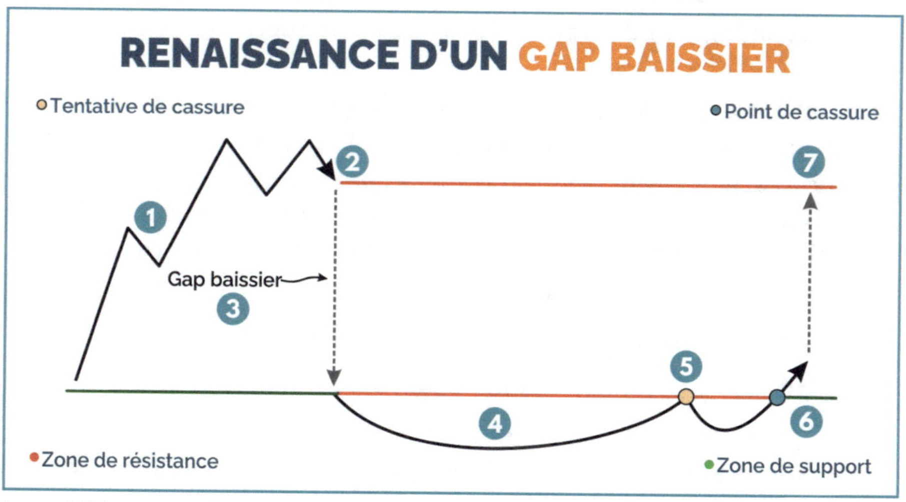

Figure 25. Le pattern Renaissance du gap baissier

1. **Tendance haussière précédente.** Avant l'écart baissier, privilégiez les actifs en hausse constante. Plus la tendance haussière est longue, plus la baisse ultérieure est susceptible d'être importante.
2. **Plus bas récent.** Il s'agit du point le plus bas atteint pendant la période qui précède le Gap et qui servira de repère. Ce niveau deviendra l'objectif futur à atteindre lorsque le prix repartira à la hausse. Ce niveau deviendra alors le futur point d'entrée.
3. **Gap baissier.** Dans la plupart des cas, l'actif chute à l'ouverture du marché après une mauvaise nouvelle. L'actif poursuivra sa chute pendant plusieurs périodes.
4. **Zone de consolidation.** L'actif se trouve dans une étroite fourchette de négociation qui s'étend sur plusieurs périodes. Certains investisseurs achètent à bas prix, tandis que d'autres attendent le breakout. Après une telle chute, les indicateurs peuvent prendre de 30 à 50 périodes pour revenir au niveau d'avant le Gap baissier.
5. **Tentative de breakout.** Sans un gros volume, les chances d'une percée réussie sont plutôt faibles. Une rupture franche peut nécessiter plusieurs tentatives.
6. **Breakout.** Toute cassure doit s'accompagner d'un volume de transactions important, au moins trois fois supérieur à la moyenne des 30 derniers jours. Dès que l'action franchit sa résistance sur un volume élevé, on se positionne à l'achat.
7. **Cible.** Le premier objectif est le creux de la veille avant l'effondrement de l'action. Ce gap sera éventuellement comblé.

La Renaissance du Gap Baissier : un exemple concret

De nombreuses plateformes financières, telles que Finviz, TradingView ou Stockcharts, proposent des listes quotidiennes d'actions présentant les baisses les plus importantes. Conservez une liste des sociétés qui affichent un Gap baissier. Les outils suivants aideront à suivre la reprise du cours :

- Graphique recommandé : Quotidien.
- Indicateur de support et de résistance : Volume Profile.
- Indicateur de retournement : Droites et divergences.
- Indicateur avancé : RSI à 14 périodes.
- Indicateurs retardés : EMA13, EMA34 et MACD pour afficher les signaux d'achat et de vente.

La figure 26 présente le graphique quotidien de Surgery Partners. Il s'agit de la copie conforme de nombreuses sociétés ayant enregistré des résultats trimestriels désastreux. À la gauche, une divergence négative annonce déjà le déclin de l'action. Nul doute que les vendeurs à découvert vont s'en donner à cœur joie.

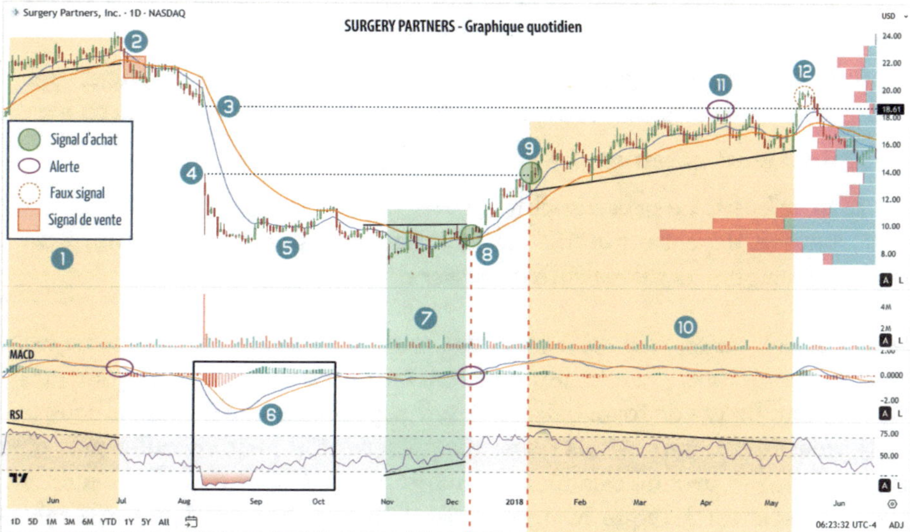

Figure 26. Surgery Partners et la Renaissance du Gap baissier

1. **Tendance haussière précédente.** Le cours demeure haussier, mais le rectangle jaune indique une divergence entre le cours et les indicateurs RSI et MACD, signalant potentiellement un renversement de tendance.
2. **Signal de vente.** Pour les détenteurs de l'actif, les indicateurs EMA13, EMA34 et MACD sont en baisse. Un signal de vente a été déclenché.
3. **Plus bas récent.** Le plus bas précédent correspond au creux précédant la cassure à 18,61 $. Ce seuil deviendra l'objectif de l'action.
4. **Gap baissier.** Début août, l'action a perdu plus de 30 % de sa valeur à la suite d'une chute brutale. La plupart du temps, une action poursuit sa chute après ce type de baisse.
5. **Zone de consolidation.** Cette zone exige de la patience.
6. **Indicateur retardé.** La forte baisse perturbe momentanément le MACD, qui doit digérer le choc de la chute soudaine. Il s'agit d'un faux signal.

7. **Fin de consolidation.** Les indicateurs appuient la tendance. Une pression haussière est perceptible.
8. **Signal d'achat.** Le croisement des EMA13-34 génère un signal d'achat.
9. **Un autre signal d'achat.** Le cours franchit le bas du Gap. C'est un événement important la poursuite de la hausse.
10. **Divergence négative.** Les indicateurs MACD et RSI affichent une divergence négative, ce qui suggère une baisse prochaine du cours.
11. **Breakout attempt.** Le prix ne comble toujours pas le Gap.
12. **Breakout.** Le prix franchit la barre des 18,61 $ et poursuit sa hausse, dépassant même les 20 $. On peut considérer ça comme un faux signal, car il est rare de casser du premier coup.

Le bas et le haut du Gap sont les zones critiques à surveiller. Chacune exige de la persévérance, car plusieurs tentatives seront nécessaires pour briser ces niveaux. En cas de forte baisse, il est fort probable que l'action affiche une forte volatilité. Comme dans l'exemple précédent, il peut s'écouler près d'un an avant que le prix ne revienne pour combler le Gap. Le meilleur moment pour investir est lorsque le prix franchit le bas du Gap. Les fluctuations peuvent être très chaotiques avant le rétablissement d'une tendance haussière.

STRATÉGIE 9 – BOLLINGER SQUEEZE

Au début des années 1980, John Bollinger a développé les bandes de Bollinger. Il les a présentées dans son ouvrage *Bollinger on Bollinger Bands* paru en 1992, comme un outil d'analyse technique pour mesurer la volatilité des marchés. Les bandes sont composées d'une moyenne mobile simple, généralement sur 20 périodes (SMA20), avec des limites supérieure et inférieure fixées à deux écarts types du centre. Cet outil aide les traders à identifier les conditions de surachat ou de survente, ainsi que les cassures potentielles.

Bollinger, trader et analyste, les a développées alors qu'il travaillait pour le Financial News Network, puis les a perfectionnées dans son bulletin d'information « Capital Growth Letter ». Les bandes de Bollinger reflètent la volatilité ressentie lorsqu'elles exercent une forte pression à la hausse ou à la baisse. Plus les bandes sont larges, plus la volatilité est élevée. Lorsque les bandes de Bollinger sont étroites, on parle de zone de compression, où se joue un affrontement entre haussiers et baissiers.

Lorsque les chandeliers traversent la SMA20, le cours se stabilise sur la bande supérieure, agissant comme résistance. Lorsqu'ils passent sous la SMA20, le cours se stabilise sur la bande inférieure, agissant comme support. Le cours quitte rarement les bandes de Bollinger. En réalité, sa probabilité de sortie est de 10 % seulement.

Cela suggère une stratégie populaire auprès des spécialistes : toute sortie au bas de la bande inférieure doit être considérée comme un achat. L'inverse est également vrai : toute sortie en haut de la bande doit entraîner une vente ou une vente à découvert. Les bandes de Bollinger se resserrent en l'absence de volatilité et s'ouvrent lorsque le marché est agité. Les actifs qui montrent une période d'accalmie prolongée sont comme des volcans, prêts à entrer en éruption à tout moment.

Voici comment se matérialise la volatilité des bandes de Bollinger :

- **Volatilité faible.** Les bandes de Bollinger se contractent, le cours se déplace dans un étroit canal horizontal. Le volume est faible et stable.
- **Volatilité élevée.** Les bandes de Bollinger s'éloignent, la volatilité est forte. Le volume est à la hausse. Le cours progresse rapidement et franchit la ligne médiane des bandes de Bollinger. Par la suite, le cours dépasse la bande supérieure à plusieurs reprises.

Le pattern Bollinger Squeeze

La figure 27 montre un modèle classique de bandes de Bollinger qui met en évidence une forte poussée du cours.

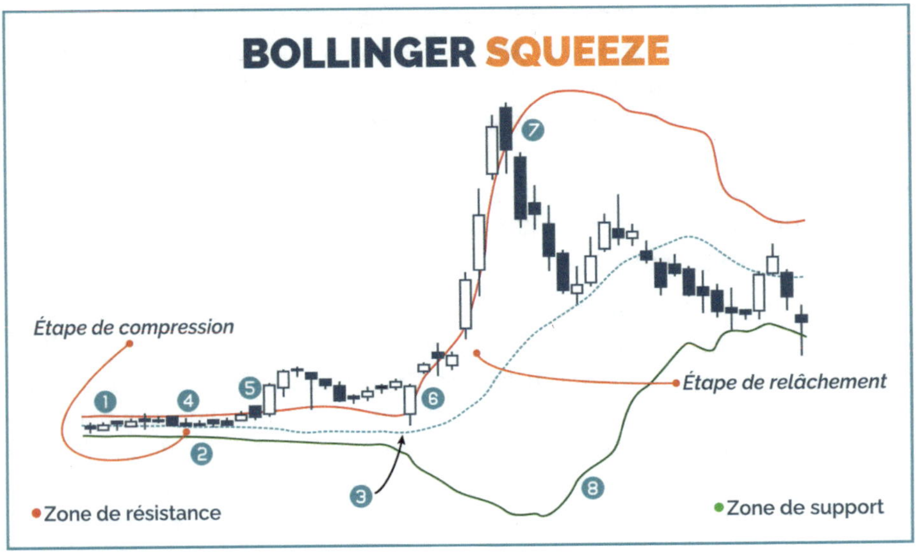

Figure 27. Bollinger squeeze

1. **Bande supérieure.** C'est la ligne de résistance. Lorsque le prix suit la bande supérieure, le marché est en zone de surachat.
2. **Bande inférieure.** C'est la ligne de support. Lorsque le prix suit la bande inférieure, le marché est en zone de survente.
3. **SMA20.** Il s'agit de l'élément central du système de bandes de Bollinger. Les bandes supérieure et inférieure dépendent de la SMA20, à laquelle ont été ajoutés des écarts types inférieur et supérieur. Dans 90 % des cas, le prix reste dans les limites de l'enveloppe. La SMA20 agit comme un aimant.

4. **Zone monotone.** De nombreux traders accordent peu d'importance à cette zone, car elle est assommante et longue. Cependant, cette zone étroite, aux fluctuations de prix minimales, sert de base à un changement soudain et spectaculaire du cours de l'actif. Recherchez les actifs dont la consolidation dure au moins 30 périodes.
5. **Breakout.** Le prix a dépassé la fourchette supérieure. La cassure doit se produire avec un volume élevé. Sinon, la tendance à la hausse risque d'être de courte durée. L'utilisation d'indicateurs supplémentaires est essentielle.
6. **Expansion des bandes.** Lorsque les marchés sont dynamiques et imprévisibles, les bandes supérieure et inférieure s'élargissent simultanément. Les bandes peuvent sembler symétriques. Il est courant de voir des bandes s'ouvrir complètement en seulement cinq séances de négociation.
7. **Bande supérieure.** Lorsque le cours s'envole, la bande supérieure reste éloignée de la SMA20.
8. **Bande inférieure.** Lorsque le prix monte trop vite, la bande inférieure suit la SMA20.

Qu'il s'agisse d'une hausse ou d'une baisse, le prix atteindra tôt ou tard la SMA20 pour entamer une nouvelle période de stabilisation.

Filtre pour identifier un Bollinger Squeeze

Il existe plusieurs méthodes pour élaborer des requêtes. Il faut privilégier les actifs à faible volatilité. Voici quelques énoncés intéressants :

- Filtre affichant une faible variation de prix en % sur une semaine.
- Filtre affichant des actifs à faible volume par rapport à leur moyenne, par exemple : volume < volume moyen sur 30 jours.
- Filtre affichant un RSI entre 45 et 55.
- Filtre affichant les actifs avec une plage quotidienne moyenne comprise entre 1 % et 3 %.

Exemple de Bollinger Squeeze

Les paramètres fondamentaux des bandes de Bollinger offrent le meilleur compromis entre les signaux positifs et négatifs. Il en va de même pour tous les autres indicateurs. Certains investisseurs recommandent d'acheter lorsque le cours passe sous la bande inférieure et de vendre lorsqu'il franchit la bande supérieure sans se soucier des zones de compression. Personnellement, je préfère le Bollinger Squeeze parce qu'il affiche une variation de prix plus importante. Les outils suivants peuvent être utilisés pour surveiller le Bollinger squeeze :

- Graphique recommandé : Quotidien.
- Indicateur de repli : Retracement de Fibonacci.
- Indicateur de volatilité : Les bandes de Bollinger.
- Indicateur avancé : Stochastic Momentum.
- Indicateur retardé : DMI avec ADX.

La figure 28 montre le graphique quotidien de la société Grail. Les bandes de Bollinger montrent de belles fluctuations. Les bandes se sont resserrées en septembre. Au début février, les bandes augmentent leur expansion et le cours s'envole rapidement.

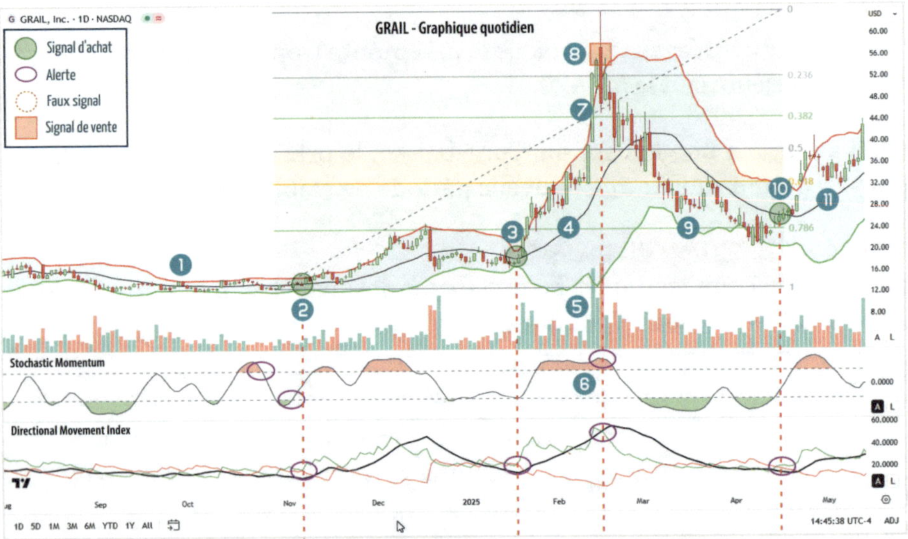

Figure 28. La société Grail et le Bollinger Squeeze

1. **Consolidation.** Les bandes de Bollinger sont étroites. Le cours entame une période de consolidation de la mi-septembre à la mi-février.
2. **Bollinger Squeeze.** L'indicateur Stochastic Momentum a réagi rapidement, déclenchant une alerte le 4 novembre. Le volume élevé du 7 novembre a causé une forte cassure.

3. **Signal d'achat.** L'indicateur +Di dépasse l'indicateur –Di, déclenchant une alerte. Le cours franchit la SMA20 des bandes de Bollinger, signalant une opportunité d'achat.
4. **SMA20**. L'indicateur est en hausse.
5. **Volume.** La forte demande se reflète dans le volume.
6. **Stochastic Momentum.** L'indicateur se situe dans la zone de survente. Le prix a quadruplé en moins de trois mois.
7. **Tendance haussière parabolique.** La hausse est insoutenable. Le cours dépasse la bande supérieure de Bollinger. L'avidité gagne les traders, le marché est en effervescence.
8. **Signal de vente.** L'indicateur ADX est à son plus haut. Le cours est hors de la bande de Bollinger supérieure pour le deuxième jour consécutif. L'indicateur +Di est orienté à la baisse.
9. **Bande inférieure.** Le prix est passé sous la SMA20. Les ventes s'accélèrent. L'indicateur de Stochastic Momentum affiche une position de survente.
10. **Signal d'achat.** Le cours a dépassé la SMA20, soutenu par la Stochastic Momentum et l'indicateur DMI, qui émettent des signaux positifs. Le cours se trouve dans la zone de rechargement de Fibonacci, ce qui en fait un bon point d'entrée.
11. **SMA20**. La moyenne est orientée à la hausse.

Alors que plusieurs préfèrent les marchés peu turbulents, je carbure avec la volatilité des marchés. La volatilité, le momentum, appelez ça comme vous le voulez. Pour moi, il n'y a rien de mieux pour engranger de gros profits. Sans volatilité, le marché resterait stable à l'infini. Les bandes de Bollinger aident à mettre en évidence la volatilité du marché. Un actif, en période de consolidation avec des bandes de Bollinger étroites, c'est comme une bombe à retardement qui fait tic-tac.

Toutes les figures présentant une étape de compression devraient normalement culminer vers une étape de relâchement. Cela évoque les replis qui se produisent dans une zone de forte résistance. Les traders patients sauront tirer profit de la cassure.

STRATÉGIE 10 – BISEAU HAUSSIER

Bien qu'elle puisse sembler banale à première vue, la figure du biseau haussier (ou du biseau descendant) est en réalité l'une des plus efficaces. Elle se compose de deux lignes droites convergeant et formant un triangle qui pointe vers le bas, vers la droite. Le cours semble trébucher à l'intérieur des droites et crée une série de hauts et de bas, puis diminue progressivement. Privilégiez le biseau descendant, qui a franchi une forte zone de support solide, laissant ainsi de la place pour une inversion à la hausse.

Le biseau descendant est une figure de retournement qui s'étend souvent sur plus de 90 périodes. Ajoutez l'indicateur Directional Movement Index ou MACD ; ils confirmeront le renversement de tendance. Idéalement, la pointe du biseau devrait également correspondre à une zone de soutien significative. Voici les caractéristiques du biseau descendant :

- La figure ne peut être identifiée qu'à mi-parcours.
- Le cours doit toucher au moins trois fois le sommet du biseau, qui sert de résistance.
- Le cours doit rebondir au moins deux fois sur la base du biseau, qui sert de support.
- Les extrémités des deux droites convergent pour former un biseau qui ressemble à un triangle inachevé.

Le pattern Biseau Haussier

La structure de ce modèle suggère que les haussiers ont pris le dessus sur les baissiers au début de la figure. Alors que le cours de l'action continuait de baisser, les investisseurs y ont vu une occasion d'entrer à un prix avantageux. Finalement, les haussiers reprennent à nouveau le contrôle, faisant grimper le cours.

La figure 29 illustre la modélisation du Biseau Haussier. Les retracements de Fibonacci peuvent être ajoutés lorsque le modèle est presque complété.

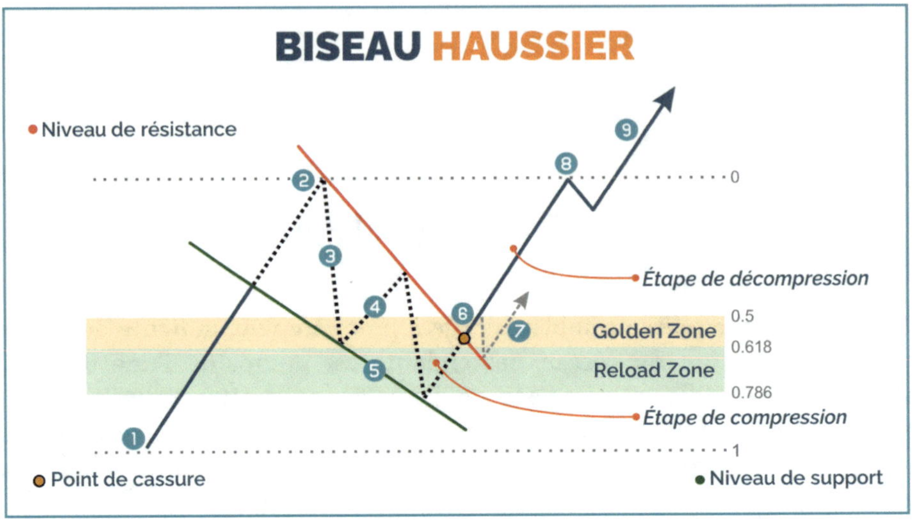

Figure 29. Le pattern Biseau haussier

1. **Début de tendance haussière.** Un support solide sert de point de départ à la tendance haussière. Ce point de référence sert également de base pour les retracements de Fibonacci.
2. **Niveau de résistance.** La droite du haut symbolise la résistance à laquelle se heurte la courbe des prix. Ce sommet sert de repère pour les retracements de Fibonacci.
3. **Repli.** Le premier repli est assez brutal.
4. **Mouvement haussier.** Ce mouvement est plus faible que celui du segment (1–2).
5. **Support.** L'efficacité du modèle implique un nombre significatif de rebonds. Au moins deux rebonds sont requis pour valider la figure.
6. **Breakout.** Le prix a atteint le point de rupture. Généralement, une cassure est accompagnée d'un fort volume.
7. **Retest.** On constate souvent un retour à la ligne de support.
8. **Résistance.** Le cours a atteint la résistance à franchir. Deux ou trois tentatives peuvent être nécessaires.
9. **Tendance future.** Le cours peut augmenter pendant quelques périodes.

La Golden Zone et la Reload zone sont des points de référence pour évaluer la force du retracement. Elles représentent un excellent point d'entrée pour les traders souhaitant capitaliser sur la tendance baissière du biseau.

Exemple d'un Biseau Haussier

L'action de KBH Home (figure 30) est en hausse constante depuis plus de cinq mois. Un Biseau Haussier se forme au centre du graphique, indiquant un possible renversement de tendance. Les outils suivants permettent de surveiller cette figure :

- Graphique à utiliser : Quotidien.
- Indicateur de repli : Retracement de Fibonacci.
- Indicateur avancé : Stochastic Momentum.
- Indicateur retardé : DMI avec ADX.

Figure 30. KBH Home et un Biseau Haussier

Voici les éléments clés à prendre en compte dans ce graphique :

1. **Début de tendance haussière.** Une zone de support solide constitue un tremplin idéal pour les retracements de Fibonacci.
2. **Sommet.** Cette zone sert à limiter les retracements de Fibonacci.
3. **Droite de support.** Cette ligne affiche au moins quatre rebonds.
4. **Droite de résistance.** La ligne supérieure du Biseau Haussier est plus abrupte que la ligne inférieure.

5. **Stochastic Momentum.** L'indicateur suit la trajectoire de la figure, suggérant une rupture potentielle dans les périodes à venir.
6. **Signal d'achat.** Le prix casse le pattern, appuyé par les alertes des indicateurs Stochastic Momentum et DMI. Le volume est plus élevé que la moyenne.
7. **Résistance breakout.** Auparavant, le prix avait presque atteint le sommet du retracement. Finalement, après quelques hésitations, la cassure a eu lieu.
8. **ADX.** L'indicateur est à son pic. La force de la tendance demeure insoutenable.
9. **Signal d'achat.** Les indicateurs Stochastic Momentum et DMI déclenchent à nouveau des alertes d'achat. Tant que le prix reste au-dessus de la ligne de support, la tendance est saine.

Les stratégies présentées dans ce livre ne sont pas intangibles. Les investisseurs ont la liberté de choisir des indicateurs alternatifs pour détecter les alertes et les signaux d'achat. Les traders doivent examiner l'éventail d'indicateurs et choisir ceux qui correspondent à leur approche de trading. L'utilisation d'au moins un indicateur avancé et un indicateur retardé est une condition préalable.

Comment trouver un Biseau Haussier avec Finviz

Sélectionnez Screener
Sélectionnez Signal | Wedge Down
Cliquez ensuite sur Charts
Évaluez la qualité du pattern

Ou utilisez la phrase ci-dessous pour d'autres plateformes

Affichez les actifs financiers évoluant dans un canal descendant sur 45 jours (certains canaux ressemblent à un Biseau Haussier).

STRATÉGIE 11 – LE BREAKOUT DESCENDANT

La résistance est le moment où de nombreux vendeurs apparaissent et empêchent la poursuite d'une hausse. Un breakout se définit par la rupture d'un niveau de résistance, notoirement difficile à franchir lors de la première tentative. Les tentatives suivantes seront de plus en plus fréquentes, et lorsqu'elles réussiront, la cassure sera plus forte.

Les passionnés de trading et de médias sociaux comme X (Twitter) et StockTwits constateront que le terme « breakout » est souvent utilisé pour lancer des alertes. Malgré des échanges rapides, la qualité de l'information sur les réseaux sociaux doit toujours être validée. Compte tenu du nombre d'actifs disponibles sur le marché, il est naturel que plusieurs d'entre elles connaissent un breakout lors d'une séance de trading. Voici quelques types de breakout :

- Breakout ascendant
- Breakout de consolidation
- Breakout descendant

Ces figures ont un point en commun : l'utilisation de droites de tendance. Aucun indicateur n'est requis ; il suffit de tracer une ligne reliant le sommet de trois chandeliers. La présence accrue de vendeurs empêche le titre de franchir la résistance. Il faudra plusieurs essais pour y arriver.

Le pattern Breakout Descendant

Ce modèle ressemble beaucoup à un canal de tendance baissière, sauf qu'on ignore la droite inférieure. Cherchez un pattern descendant avec la pente la plus abrupte, à l'image de celui représenté à la figure 31, à droite. Ce modèle présente la phase de compression la plus intense, ce qui favorisera des progrès accrus lors de la phase de décompression. Il est crucial d'identifier le prochain niveau de soutien est essentiel, car il pourrait servir de cible pour le prochain renversement de tendance.

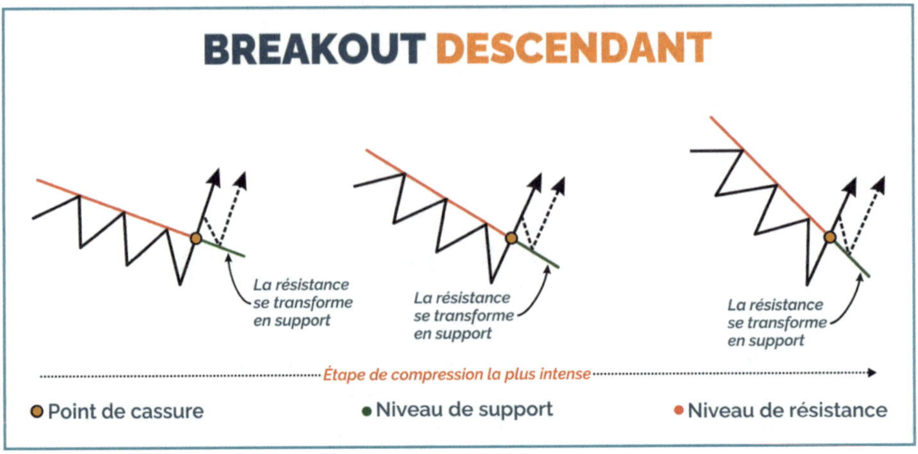

Figure 31. Trois exemples d'un Breakout Descendant

Voici quelques caractéristiques du Breakout Descendant :

- **Niveau de résistance.** La force de la ligne de résistance dépend de sa longueur, du nombre de points de contact et de son inclinaison. La longue durée du Breakout Descendant signifie que les vendeurs ont pris le contrôle du marché.
- **Support.** La ligne de support peut avoir une pente différente de celle de la résistance. Plus le support est long, plus il y aura des participants au breakout.
- **Tentative de breakout.** Le cours s'arrête une deuxième, puis une troisième fois sur la ligne de tendance. De nombreux vendeurs entravent la route aux acheteurs, et la zone de résistance ramène le cours à un plus bas plus bas que le précédent.
- **Breakout.** Un gros volume est préférable pour valider la cassure. Une entrée rapide après la cassure permet d'engranger de meilleurs profits. Les acheteurs prennent le contrôle. La ligne pointillée indique que le cours de l'actif peut inverser temporairement sa trajectoire avant de poursuivre sa hausse. La résistance devient une zone de support.
- **Tendance haussière.** La cassure provoque un changement de tendance qui ne sera probablement pas symétrique à la tendance baissière précédente. Une tendance baissière de 60 jours peut être suivie d'une tendance haussière de 10 jours. Ce n'est pas temps de rester passif. Pour recevoir des alertes de retournement rapides, utilisez les indicateurs EMA9, EMA13 ou indicateurs avancés, comme le Stoch RSI.

Exemple d'un Breakout Descendant

Les outils suivants peuvent être utilisés pour surveiller un Breakout Descendant :

- Graphique à utiliser : Quotidien.
- Indicateur de tendance : droites.
- Indicateur avancé : Stochastic Momentum.
- Indicateur retardé : MACD.
- Indicateur retardé : Williams Fractals.

La figure 32 montre le graphique quotidien de la société Reddit qui affiche une configuration intrigante. Il est important de noter que l'indicateur MACD ne présente aucun délai dans la transmission des alertes. Des fractales de Williams ont été incluses pour évaluer la pertinence des signaux de retournement. On y observe une structure inhabituelle et méconnue de plusieurs : le pattern Run-Bump-Reversal. Ce modèle se compose de trois parties : un segment haussier, un segment haussier accentué et un segment de retournement. Le dernier segment présente un Breakout Descendant.

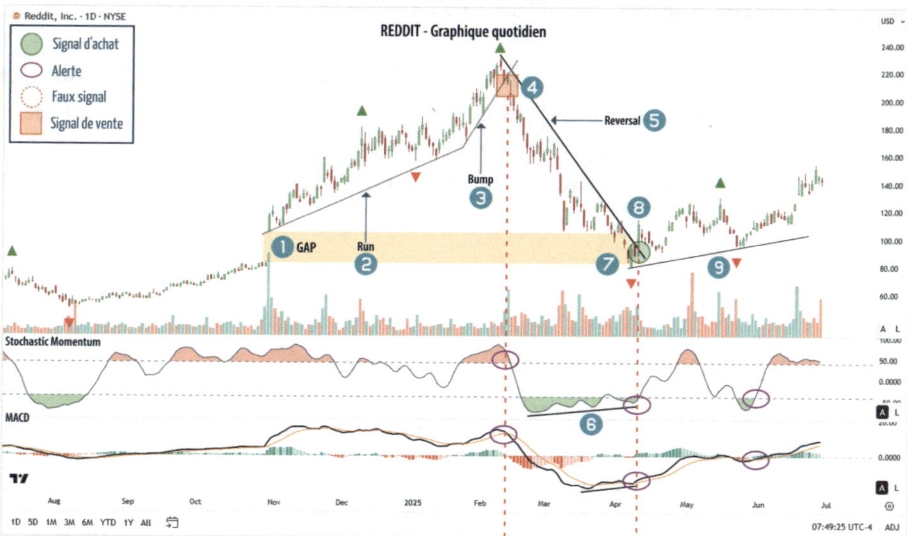

Figure 32. Reddit et un Breakout Descending

1. **Gap.** Le prix est à la hausse depuis le mois d'août. Novembre a débuté par un puissant Gap, soutenu par une forte hausse des volumes.
2. **Segment Run.** Le Run-Bump-Reversal débute par une tendance haussière.

3. **Segment Bump.** La tendance haussière s'accentue, la pente plus prononcée suggère une correction à venir.
4. **Signal de vente.** L'indicateur Williams Fractals affiche un pic qui se transforme en signal de vente. La cassure de la droite est appuyée par les indicateurs Stochastic Momentum et MACD, qui émettent des alertes négatives.
5. **Segment Reversal.** Le prix fait demi-tour pour une durée de deux mois.
6. **Divergence.** Les indicateurs Stochastic Momentum et MACD affichent une divergence positive.
7. **Fermeture du Gap.** Le prix a comblé le Gap de novembre.
8. **Signal d'achat.** Le prix franchit la ligne de tendance baissière, soutenu par les indicateurs Stochastic Momentum, MACD et Williams Fractals.
9. **Tendance haussière.** Le prix amorce une nouvelle tendance haussière, appuyée par l'indicateur MACD.

Le pattern Breakout descendant est fréquemment observé sur les graphiques boursiers, que ceux-ci soient quotidiens ou hebdomadaires. La combinaison de lignes de tendance et d'indicateurs facilite la détection des points d'entrée et de sortie. Une figure visible à l'œil nu constitue une occasion prometteuse.

STRATÉGIE 12 – LE TRIANGLE ASCENDANT

Ah ! Les fameux triangles ! Ces figures familières sont facilement identifiables, mais elles peuvent comporter des pièges. Les triangles symétriques produisent souvent de faux signaux, que le marché soit à la hausse ou à la baisse. Il arrive que l'actif franchisse la base du triangle pendant quelques jours, avant de soudainement repartir à la hausse. Les requins de Wall Street s'amusent avec l'indécision. Oubliez le triangle symétrique et concentrez-vous sur le triangle ascendant, qui présente des opportunités nettement plus intéressantes. Voici les principaux points à retenir à propos des Triangles Ascendants :

- **Pattern de continuation.** L'ambiguïté est beaucoup moins présente que pour les triangles symétriques. La forme de la figure suggère une tendance haussière.
- **Mouvement ping-pong.** Le cours peut baisser, s'arrêter, puis poursuivre à la hausse. Cela est fréquent lorsque la résistance est trop forte. Réévaluez les zones de résistance en observant la figure sur une plus longue période.
- **Vendeurs par niveaux.** Plusieurs vendeurs sont à la base du triangle. Les acheteurs sont prêts à tout pour s'emparer de ce titre, même à créer une surenchère. Les premiers vendeurs cèdent la place à de nouveaux vendeurs à un niveau supérieur, créant ainsi la pente ascendante du triangle.

Le pattern Triangle Ascendant

La configuration de ce pattern est plutôt simple : une ligne horizontale et une diagonale qui pointent vers la même cible. Il s'agit d'un pattern haussier sans équivoque. Examinons-le plus en détail :

1. **Début.** Le premier mouvement haussier peut être assez long avant d'être bloqué par la résistance.
2. **Cible.** La hauteur du triangle est ajoutée au sommet pour définir la nouvelle cible.

3. **Support.** La force du support dépend du nombre de rebonds. On sent que le prix est en phase de compression.
4. **Resistance.** La ligne de résistance est horizontale.
5. **Breakout attempt.** Plusieurs considèrent ces tentatives de cassure comme des échecs. Réjouissez-vous, car la cassure qui en résultera ne sera que meilleure.
6. **Breakout.** L'augmentation de l'activité de négociation favorise une forte cassure. Il s'agit de la phase de relâchement. Le cours pourrait dépasser l'objectif initial.
7. **Repli après breakout.** Les chances sont élevées que le cours se replie sur la zone de support avant de poursuivre sa hausse.

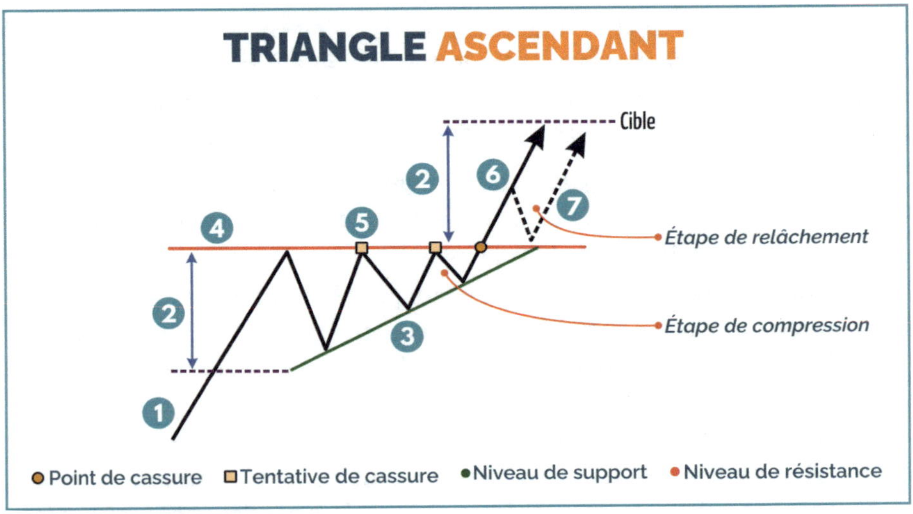

Figure 33. Le triangle ascendant en théorie

Une figure de continuation signifie que la tendance initiale se poursuit. Le grand nombre de rebonds à l'intérieur du triangle confirment le support de la diagonale. La pression exercée par les acheteurs devra dépasser le triangle.

Exemple du Traingle Ascendant

Les outils suivants peuvent être utilisés pour surveiller le Triangle Ascendant :

- Graphique à utiliser : quotidien.
- Indicateur de tendance : droites.
- Indicateur avancé : Stochastic Momentum.
- Indicateur retardé : DMI avec ADX.

La figure 34 illustre le graphique quotidien de SPDR Oil & Gas ETF, qui présente une très belle cassure d'un triangle ascendant. Les indicateurs appuient fortement cette tendance et l'évolution des prix est nette.

1. **Tendance antérieure.** Une tendance haussière précède le Triangle Ascendant.
2. **Résistance.** La ligne horizontale représente la résistance. L'indicateur Volume Profile à gauche confirme le niveau de résistance. Le cours a trébuché à plusieurs reprises, autour de 16,60 $.
3. **Cible.** La hauteur du triangle sert à déterminer la cible.
4. **Support.** Les larges ondulations contribuent à la formation de la structure triangulaire. La diagonale est testée à plusieurs reprises. Le Stochastic Momentum présente les mêmes fluctuations.
5. **Breakout.** Le 18 décembre, un point d'entrée intéressant se situe à 16 $. L'indicateur +Di est en hausse et le prix est prêt à franchir la résistance. Le Stochastic Momentum lance une alerte haussière.
6. **Volume.** Le volume présente des pics prometteurs, tant à l'achat qu'à la vente. Le Volume Profile est extrêmement efficace pour déterminer les niveaux favorables.
7. **Sell signal.** Le cours a atteint son objectif initial. Le Stochastic Momentum émet une alerte baissière, la courbe +Di est en baisse.

Figure 34. Le FNB SPDR Oil & Gas et un Triangle Ascendant

Le Triangle Ascendant est construit à partir de fluctuations spectaculaires qui se rétrécissent au fur et à mesure que la tendance se dessine. L'étape de compression renforce le modèle. La construction graduelle de la tendance permet aux indicateurs retardés de réagir au moment opportun.

Comment trouver un Triangle Ascendant

Accéder à Finviz.com
Sélectionner **Screener**
Au menu Signal, sélectionner | **Ascending Triangle**
Et cliquer sur Charts.

STRATÉGIE 13 – LE GROS W

Ce qui est fascinant avec les figures, c'est qu'elles sont faciles à identifier. Prenez par exemple le Gros W, qui ressemble à un double creux, mais dont le deuxième creux est plus haut que le premier. Il s'agit d'une figure de retournement. Alors que de nombreux traders espèrent un soutien horizontal avec deux rebonds, un W incliné indique une inversion particulièrement forte. Cependant, ne présumez pas que la phase haussière se poursuivra éternellement.

Le pattern Gros W

Cette structure est présente chez les actifs ayant subi une pression baissière importante et prolongée. Si vous en repérez un, placez-le sur une liste de surveillance. La confirmation est assez longue à obtenir; il faudra attendre le breakout de la ligne de résistance avec un important volume. À la suite de la cassure de la résistance, l'objectif de prix est estimé en projetant à la hausse la hauteur entre le premier creux et la ligne de résistance. La première jambe baissière traverse souvent une zone de soutien, ce qui déclenche des ordres stop et sème la panique chez les traders.

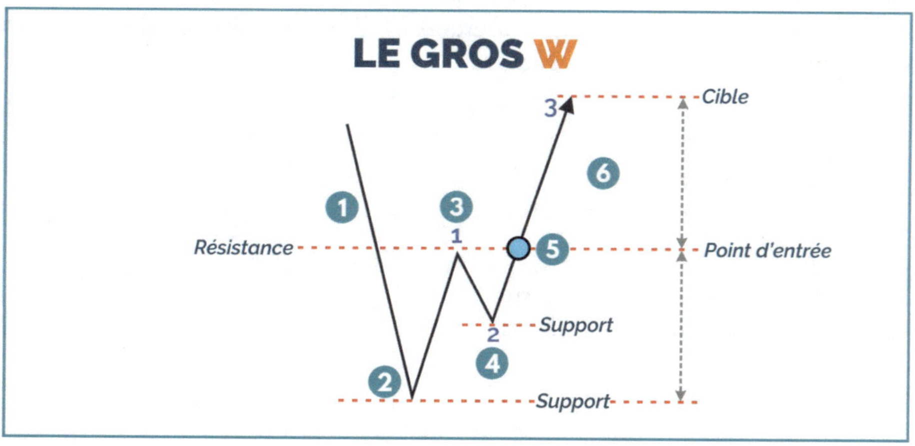

Figure 35. Le Gros W en théorie

Le Gros W est sans aucun doute l'une des figures les plus performantes. Il est simple, facile à identifier sans l'aide d'outil technique. Les allers-retours sur la ligne de résistance créent un solide support qui protégera l'actif financier d'une chute brutale et fera rapidement grimper son prix.

Voici des points à prendre en compte :

1. **Tendance précédente.** Ciblez les actifs en baisse pendant au moins 30 périodes, ce qui laisse plus de marge pour une forte hausse.
2. **Support.** Faites ressortir la ou les zones de support antérieures pour évaluer le repli.
3. **Tentative de breakout.** À mi-chemin, le cours rencontre une zone de résistance.
4. **Support.** Le cours bat en retraite et atteint une zone de support intermédiaire.
5. **Point d'entrée.** Le breakout de la résistance constitue un bon point d'entrée.
6. **Cible.** La cible théorique est constituée de [(Résistance–Support)] que l'on ajoute au-dessus de la zone de résistance.

La notation des petits nombres 1-2-3 est inspirée de la théorie des vagues d'Elliot. Elle sert à souligner la dynamique haussière. La confirmation d'un sommet plus élevé renforce la tendance haussière.

Comment déceler un pattern Gros W

La détection de ce pattern nécessite une reconnaissance visuelle. Lorsqu'un indice comme le Nasdaq forme un grand W, il est certain que de nombreux actifs présenteront la même structure.

> Access Finviz.com
> Sélectionner **Screener**
> Au menu Signal sélectionner | **Double bottom** et cliquer sur Charts
>
> Les traders doivent trier la vaste sélection proposée par Finviz. Seulement quelques-uns afficheront un Gros W.

Exemple d'un pattern Gros W

Les outils suivants sont utiles pour surveiller le pattern Gros W :

- Graphique à utiliser : quotidien.
- Indicateur de tendance : lignes droites.
- Indicateur retardé : MACD.
- Indicateur : Williams Fractals.

Le graphique quotidien de Netflix, présenté à la figure 36, est accompagné des indicateurs Williams Fractals, MACD et du volume. De plus, des lignes bleues ont été ajoutées pour mettre en évidence le pattern en W.

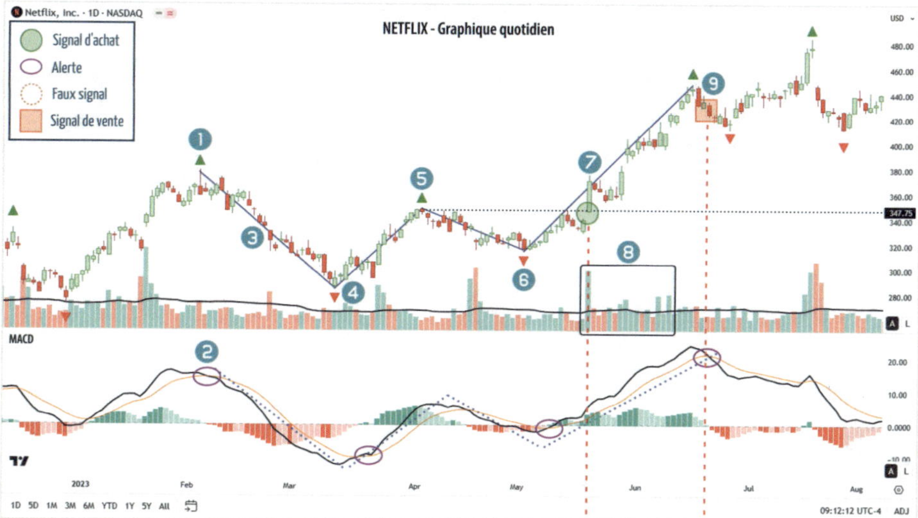

Figure 36. Netflix et le pattern Gros W

1. **Tendance baissière.** L'indicateur Williams Fractals signale un renversement de tendance début février. La tendance baissière dure environ 30 périodes.
2. **Confirmation de renversement.** Le croisement de l'indicateur MACD confirme le renversement à la baisse.
3. **Tendance baissière.** Le cours baisse légèrement chaque jour sans fluctuation significative.
4. **Premier creux.** Le prix s'inverse. La demande dépasse l'offre. Il s'agit du premier niveau de support.
5. **Pointe centrale du W.** L'indicateur Williams Fractals montre un renversement de tendance baissière, transformant cette zone en résistance à franchir par la suite.
6. **Second creux.** Le deuxième creux apparaît, plus élevé que le premier.
7. **Signal d'achat.** La cassure de la zone de résistance déclenche un signal d'achat. L'indicateur MACD a déjà émis une alerte favorable.

8. **Volume.** La hausse est soutenue par une augmentation du volume supérieure au volume moyen.
9. **Signal de vente.** L'indicateur Williams Fractals et le MACD montrent tous deux des signes d'inversion de tendance.

Le trader a pu gagner entre 20 % et 25 % en demeurant extrêmement prudent. Cette stratégie s'applique à tous les horizons temporels, mais j'apprécie particulièrement les périodes H1, H4, D1 et W1, qui sont particulièrement efficaces. Si un indice ou un secteur présente cette structure, il est fort probable que de nombreux actifs en feront de même.

STRATÉGIE 14 – LE MALICIEUX M

Prêt pour une nouvelle figure étrange ? Le Malicieux M s'apparente à un Double Sommet descendant, le deuxième sommet étant plus bas que le premier. Cette figure est particulièrement appréciée par ceux qui veulent vendre à découvert, car elle annonce souvent un renversement puissant. En plus du cours, un indicateur comme le RSI peut également prendre la forme d'un M incliné.

Le pattern Malicieux M

Ce pattern se manifeste chez les actifs soumis à une forte et longue pression haussière. La période de confirmation est très longue et le trader devra attendre la rupture de la zone de support. À la suite de la cassure, l'objectif de prix est estimé en projetant à la baisse la hauteur entre le sommet et la ligne de support.

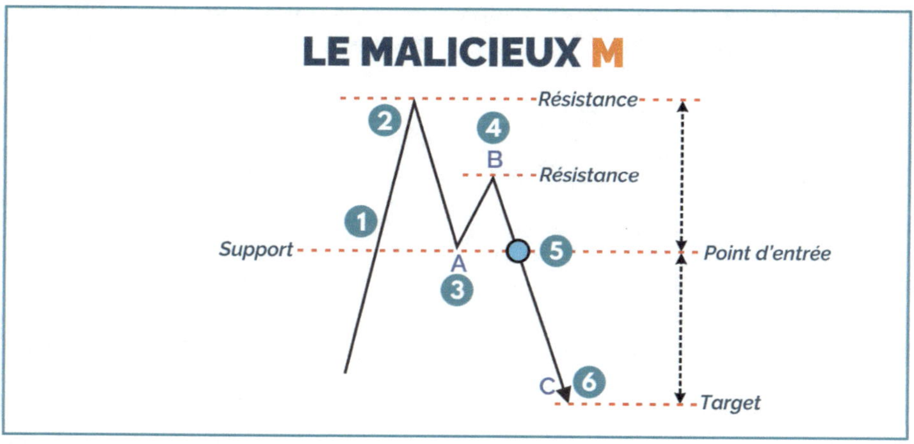

Figure 37. Le Malicieux M

Comme le montre la figure 37, le Malicieux M est facilement reconnaissable sans l'utilisation d'aucun outil technique. Les allers-retours sur la ligne de support la transformeront plus tard en une résistance solide, ce qui ravira les traders qui négocient à la baisse. Passons les points en revue :

1. **Tendance précédente.** Privilégiez les actifs affichant une tendance haussière d'au moins 30 périodes, ce qui laisse plus de marge pour une éventuelle tendance baissière.

2. **Résistance.** Une zone de résistance qui a été testée à plusieurs reprises favorise un fort rebond.
3. **Tentative de cassure.** Au milieu, la courbe des prix rencontre une zone de support.
4. **Résistance inférieure.** Le cours remonte vers une zone de résistance inférieure.
5. **Point d'entrée** : C'est le moment idéal pour placer un ordre de vente à découvert.
6. **Cible.** En théorie, la cible est [(Résistance–Support) * 2] à partir du premier sommet. Cette cible permet d'évaluer le point de sortie.

La notation des petites lettres A-B-C provient de la théorie des vagues d'Elliot. Elle est utilisée pour mettre en évidence la dynamique baissière. Un sommet plus bas confirme la tendance baissière.

Comment trouver le Malicieux M

Il faut recourir à la reconnaissance visuelle pour trouver ce modèle. Néanmoins, seulement quelques suggestions seront valables. Lorsqu'un indice comme le Nasdaq forme un Malicieux M, il est certain que plusieurs actions présenteront le même modèle.

> Accéder à Finviz.com
> Sélectionner **Screener**
> Au menu Signal Sélectionner | **Double top** et cliquer sur Charts
>
> Les traders doivent trier la vaste sélection proposée par Finviz. Seulement quelques-uns afficheront le Malicieux M.

Exemple d'un Malicieux M

La figure 38 présente le graphique quotidien de la société BlackBerry. Les indicateurs Williams Fractals, MACD, ainsi que le volume, ont été ajoutés au graphique. Des droites bleues ont aussi été insérées pour mettre en évidence le pattern. Voici les éléments clés du graphique :

1. **Tendance haussière.** Le graphique montre une forte tendance haussière sur près de 60 périodes.
2. **Alerte de la MACD.** Le croisement de la MACD envoie une alerte négative. Les traders agressifs sont déjà en position vendeuse.

3. **Sommet du pattern.** L'indicateur Williams Fractals lance un signal de renversement du marché.
4. **Renversement de tendance.** Le prix se renverse. La demande est momentanément supérieure à l'offre. C'est une zone de soutien temporaire. Le signal de l'indicateur Williams Fractals diverge avec celui de la MACD.
5. **Centre du Malicieux M.** L'offre est plus forte que la demande. Un nouveau revirement de tendance baissière est sur le point de débuter.
6. **Point d'entrée pour vente à découvert.** Point à considérer pour les traders prudents qui veulent vendre à découvert. Le croisement des indicateurs suggère une tendance négative.
7. **Signal d'achat.** Les traders peuvent soit clôturer leurs positions ouvertes, soit acheter l'actif après avoir reçu des alertes positives des indicateurs Williams Fractals et MACD.

Figure 38. BlackBerry et le Malicieux M

Ce type de configuration convient aux traders prudents qui souhaitent recevoir des confirmations supplémentaires. Le mouvement A-B-C est le plus important à considérer sur ce graphique. Le trader doit se fier à la MACD pour ne pas entrer long trop rapidement (comme au point 4). Il est important d'avoir plusieurs indicateurs sur lesquels se fier !

STRATÉGIE 15 – BULLISH ENGULFING SUR STEROIDS

L'univers des chandeliers japonais est vaste et varié, mais l'un d'entre eux est particulièrement captivant : le pattern Bullish Engulfing. Pour améliorer ses performances, il est recommandé d'y intégrer au moins un indicateur avancé (stochastique, RSI ou Chaikin Money Flow) et au moins un indicateur retardé (DMI, EMA, MACD ou Parabolic SAR).

Théorie du Bullish Engulfing

Ce modèle est une figure haussière très efficace constituée de deux chandeliers principaux : un petit chandelier baissier suivi d'un long chandelier haussier. Compte tenu des chandeliers qui précèdent et suivent le modèle, le Bullish Engulfing présente une forme en V. On peut le diviser en trois sections :

1. **Tendance baissière.** Idéalement, la figure devrait être précédée de trois chandeliers baissiers.
2. **Renversement de tendance.** Il est composé de deux chandeliers.
3. **Tendance haussière.** La durée du mouvement haussier dépend non seulement de la force du retournement, mais aussi de la durée de la tendance baissière précédente. Plus cette dernière est longue, plus les probabilités d'une hausse durable sont élevées.

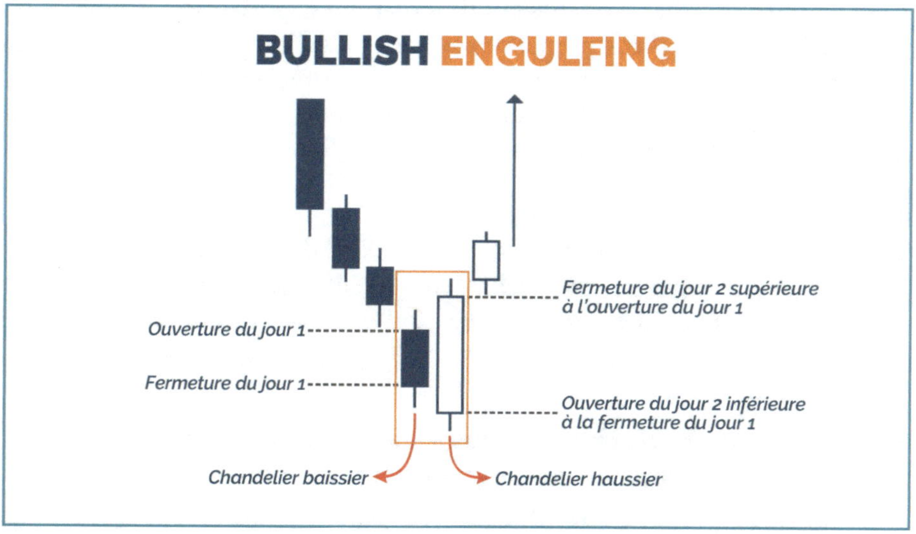

Figure 39. Bullish engulfing en théorie

La figure 39 illustre la représentation idéale d'un Bullish Engulfing. Observez le retournement de tendance formé par les deux chandeliers situés au cœur de la figure :

- **Chandelier baissier.** Il s'agit du dernier chandelier de la tendance baissière. Sa couleur peut être le rouge ou le noir selon les paramètres de votre graphique.
- **Chandelier haussier.** C'est le premier signe d'un renversement de tendance. Ce chandelier blanc ou vert englobe entièrement le chandelier précédent, ce qui lui vaut son nom.

Pour une confirmation plus concluante, toutes les mèches du premier chandelier doivent être entièrement englouties par le deuxième. Certains pourraient évoquer un revirement soudain de l'humeur du marché. En réalité, plusieurs traders ont remarqué la formation du pattern en même temps. Les vendeurs à découvert ont liquidé leurs positions, tandis que les acheteurs ont soumis une vague d'ordres d'achat.

Comment trouver un pattern Bullish Engulfing

Plusieurs filtres de recherche permettent d'identifier le pattern Bullish Engulfing. Cependant, la simplification excessive de ces filtres entraîne une longue liste de propositions peu attrayantes. Les traders peuvent rechercher cette figure grâce aux filtres de TradingView. De plus, la plateforme offre une variété d'indicateurs qui affichent tout pattern détecté sur un graphique.

Il est crucial de vérifier la qualité des propositions fournies par les moteurs de recherche. L'un des choix proposés pourrait présenter une tendance neutre précédant la figure. Un autre actif pourrait afficher un prix anormalement élevé par rapport à sa valeur du mois précédent. Il est donc important d'utiliser des indicateurs additionnels pour confirmer les points d'entrée.

Exemple du pattern Bullish Engulfing

La figure 40 présente le graphique quotidien de la société EOS Energy Enterprises, intégrant les indicateurs Williams Fractals, Stochastic Momentum, MACD et le volume. Des droites bleues ont aussi été insérées pour mettre en évidence une divergence haussière. Voici quelques points à prendre en compte :

1. **Tendance haussière.** Le cours est à la hausse depuis plus de deux mois, ce qui laisse entrevoir un éventuel retournement.
2. **Renversement de tendance.** L'indicateur Williams Fractals signale une inversion de tendance.

3. **Tendance baissière.** Alors que l'indicateur Williams Fractals lance un signal d'achat, on sent que l'indicateur MACD ne veut pas coopérer. La tendance baissière se poursuit.
4. **Divergence haussière.** Les indicateurs Stochastic Momentum et MACD indiquent une divergence haussière.
5. **Bullish Engulfing.** TradingView a détecté le pattern composé de deux chandeliers (voir le drapeau bleu sous la figure).
6. **Signal d'achat.** Le cours évolue au-dessus du pattern Bullish Engulfing, ce qui déclenche un achat, renforcé par l'indicateur MACD.

Figure 40. EOS Energy Enterprises et le pattern Bullish Engulfing

Le pattern Bullish Engulfing doit toujours être confirmé par d'autres indicateurs avant d'investir dans un actif. Il faut privilégier les actifs qui présentent des cycles clairs de hausse et de baisse. On évite les actifs dont le volume est faible. Les retracements de Fibonacci peuvent s'avérer utiles pour repérer plus efficacement les zones de repli potentielles.

STRATÉGIE 16 – STRUCTURE PARABOLIQUE

Compte tenu de la multitude d'actifs financiers offerts en négociation, il n'est pas rare de voir la valeur d'un titre doubler, voire tripler, en quelques jours seulement. Ce phénomène, appelé structure parabolique, attire les traders inexpérimentés qui rêvent de gagner gros. Stimulés par les réseaux sociaux, tels que Reddit et StockTwits, les débutants cherchent à participer à l'euphorie. Bien que ces hausses de prix ne soient pas directement liées à des opérations frauduleuses de type « pump-and-dump », elles sont assez surprenantes.

La structure parabolique peut être due à des résultats financiers exceptionnels, à une perspective prometteuse ou encore à l'influence constante de leaders qui incitent les traders à ne pas rater cette occasion unique. À mesure que la masse converge, le prix grimpe et suit une trajectoire parabolique.

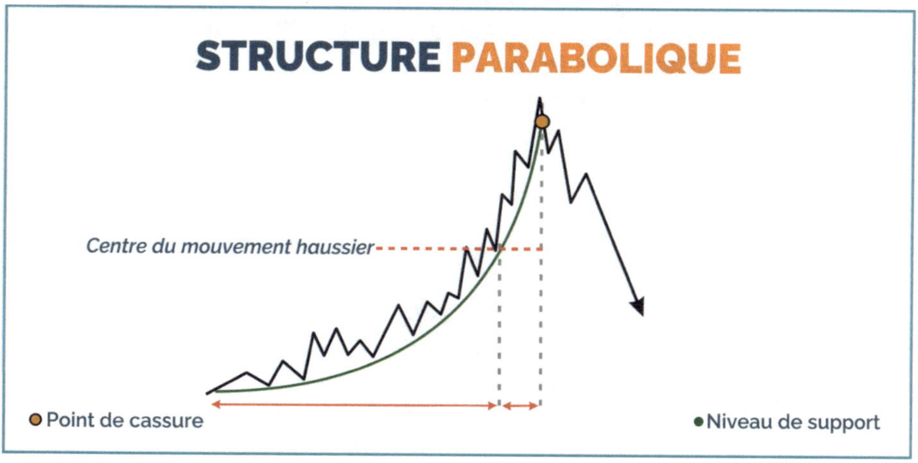

Figure 41. Structure Parabolique

La figure 41 illustre le modèle théorique d'une structure parabolique. Il est à noter que la première moitié de la hausse est progressive, ce qui est bénéfique, car elle crée une base solide en cas de retournement rapide. La seconde moitié de la hausse est marquée par une forte volatilité et une accélération rapide.

Il n'y a aucun moyen de repérer une structure parabolique. Elle se caractérise par une phase initiale stable, suivie d'une forte hausse portée par des nouvelles favorables. Le prix entre ensuite dans sa deuxième phase, qui constitue la majeure partie du mouvement parabolique. Le point de rupture, tout en haut de la parabole, est un excellent moment pour quiconque souhaite vendre à découvert. Lorsque la pente devient verticale, la rupture est imminente. En ce qui me concerne, je préfère attendre le repli plutôt que de tenter une entrée dans une structure qui pourrait basculer à tout moment.

Exemple d'une structure parabolique

Les outils suivants peuvent être utilisés pour surveiller ce type de pattern :

- Graphique à utiliser : quotidien.
- Indicateur de repli : Fibonacci retracement.
- Indicateur de tendance : droites et courbes.
- Indicateur retardé : histogramme MACD et Williams Fractals.
- Volume.

La figure 42 montre le graphique quotidien de Mara Holdings, une société spécialisée dans le minage de Bitcoin. Outre la parabole, le graphique illustre le comportement des périodes de repli ultérieures. Bien que vous ayez peut-être manqué le point d'entrée initial de la structure, les périodes de repli subséquentes peuvent présenter d'excellentes opportunités.

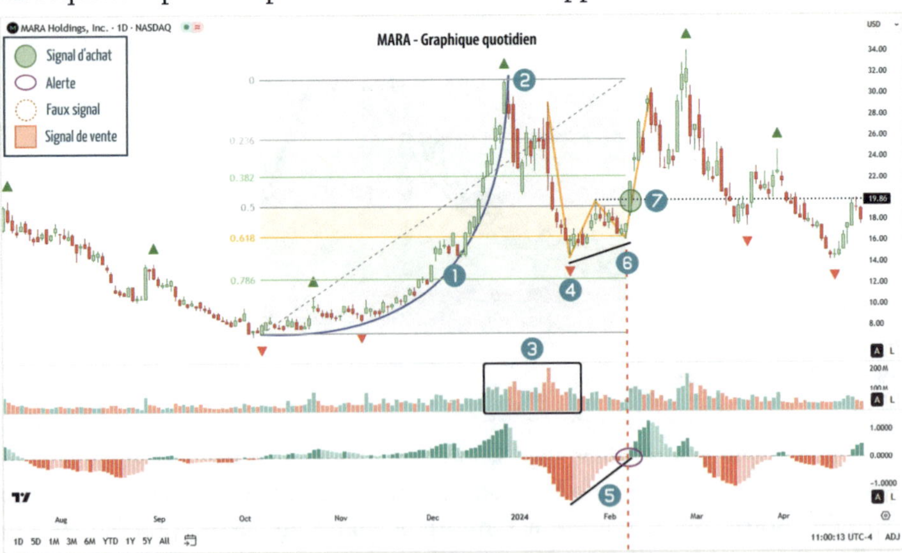

Figure 42. Mara Holdings et la structure parabolique

1. **Mouvement parabolique.** Le cours suit une tendance parabolique sur une période de trois mois, passant de 8 $ à 32 $. Les retracements de Fibonacci servent de repères pour anticiper le niveau des replis.
2. **Sommet de la structure parabolique.** Le cours atteint un sommet et la courbe est verticale. L'indicateur Williams Fractals indique un signal de retournement. Le pro vend depuis un moment, tandis que les nouveaux arrivants sont confiants d'une poursuite de la hausse du prix. Il est presque irréaliste d'imaginer autant d'acheteurs entrant dans la danse à ce stade. La hausse du volume confirme l'engouement.
3. **Volume.** Lorsque la cassure survient, un énorme mouvement de ventes se déclenche. L'accumulation des achats sur trois mois indique que les acheteurs vont rapidement liquider leurs positions. La réaction générale est immédiate.
4. **Repli dans la Reload zone.** Depuis son sommet, le prix a chuté de plus de 60 %.
5. **MACD.** L'histogramme de la MACD soutient une augmentation possible des prix.
6. **Repli dans la Golden zone.** Le cours effectue un recul final, l'indicateur MACD est sur le point de devenir haussier.
7. **Signal d'achat.** L'apparition d'un pattern en W indique un signal d'achat.

Si vous souhaitez éviter la vente à découvert, vous pouvez quand même tirer profit de la présence d'une structure parabolique. Il suffit d'être patient et d'attendre que le repli atteigne au moins la Reload Zone. Assurez-vous d'évaluer les zones de support potentielles où le prix pourrait rebondir. L'indicateur Volume Profile est une option appropriée pour déterminer les zones de support et de résistance.

STRATÉGIE 17 – STRUCTURE D'ACCUMULATION

Les traders qui ont déjà connu une perte craindront tout mouvement du marché à la baisse. Les débutants découvrent rapidement que le trading n'est pas une tâche aisée. En évitant les pièges, les traders amélioreront leur taux de réussite. En optant pour une structure simple, les traders réduiront l'anxiété causée par les fluctuations brusques du marché. La structure d'accumulation ressemble à un long et étroit corridor où le cours évolue comme une balle de ping-pong. Pour expliquer la stratégie, ajustons légèrement les quatre phases d'un actif financier en élargissant l'étape 1.

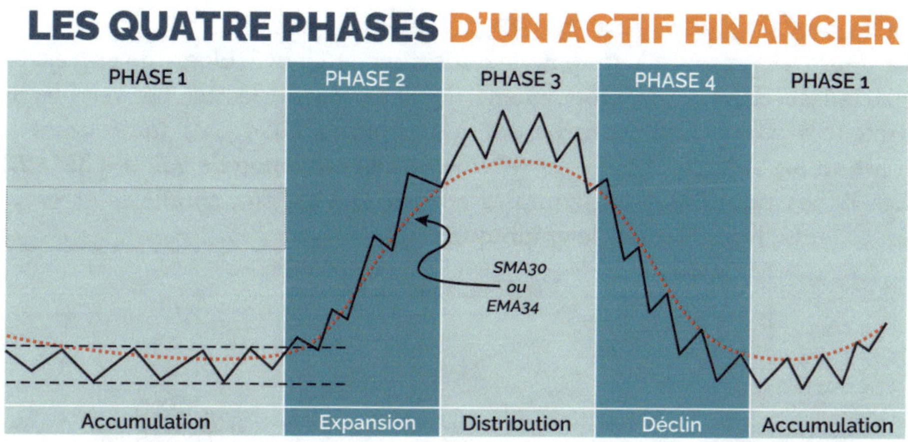

Figure 43. Fourchette étroite de négociation et les quatre phases d'un actif financier

1. **Phase d'accumulation.** Après une forte baisse, les traders et les institutions commencent à accumuler leurs achats, qui prennent la forme d'une tendance latérale. Dans le cas de la stratégie de structure d'accumulation, le corridor latéral est beaucoup plus long.
2. **Phase d'expansion.** Après la cassure de la partie supérieure du corridor latéral, le prix continue de monter, offrant au trader l'opportunité la plus rentable. La durée de la phase 2 est imprévisible. Plus la phase 1 est longue, meilleures sont les chances d'une puissante et longue phase 2.

3. **Phase de distribution.** C'est l'étape où les vendeurs se débarrassent de leurs actifs. Le cours a atteint un sommet, mais les nouveaux arrivants croient encore que le cours va poursuivre sa hausse. Les baleines cherchent à piéger les traders vulnérables.
4. **Phase de déclin.** L'actif n'apparaît plus dans le récit populaire. Les traders vendent massivement. La panique s'installe sur le marché et le prix chute rapidement dès la fin de la phase 3.

Comment trouver une Structure d'accumulation avec Finviz

Accéder à Finviz.com
Sélectionner **Screener**
Au menu **Signal,** sélectionner **Horizontal S/R Strong**
Et cliquer sur **Charts.**

Exemple d'une Structure d'accumulation

La figure 44 présente le graphique quotidien de LightBridge, une entreprise spécialisée dans le développement de l'énergie nucléaire. L'ensemble du secteur a connu une forte hausse à l'automne 2024. Les indicateurs se limitent au Volume Profile, au volume et à la moyenne de volume SMA20. Les lignes pointillées horizontales correspondent aux sommets et creux précédents, invisibles sur le graphique.

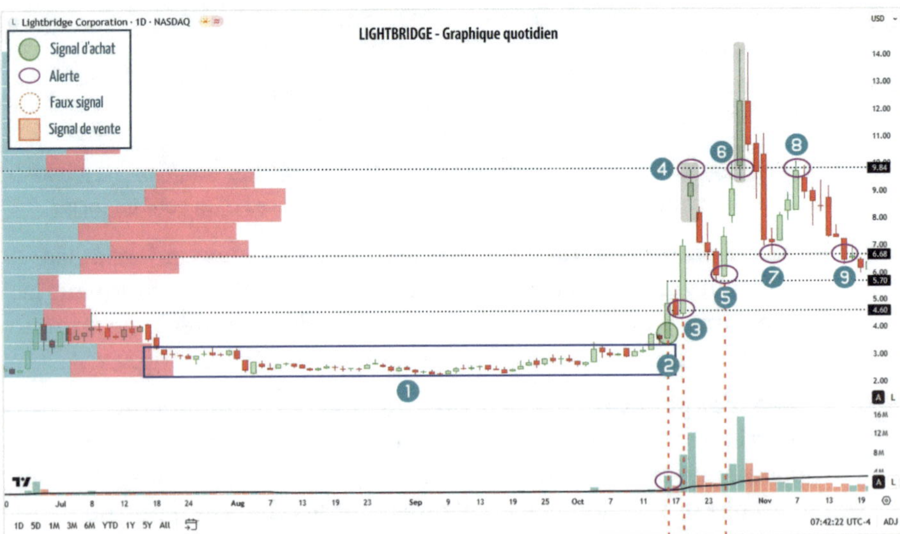

Figure 44. Une Structure d'accumulation

1. **Phase d'accumulation.** La période de consolidation s'étend sur trois mois. Cette phase rappelle l'étape de compression observée dans les stratégies précédentes.
2. **La phase d'expansion débute par un signal d'achat.** Le cours sort de la phase d'accumulation, alimenté par un volume important.
3. **Volume élevé.** Le prix atteint un sommet précédent, dépassant la moyenne des volumes (SMA20).
4. **Forte résistance.** Le cours s'arrête à un sommet précédent qui coïncide avec une zone achalandée du Volume Profile.
5. **Repli.** Le cours recule à un niveau précédent.
6. **Le cours de l'action s'envole.** Le cours commence la journée au même niveau que le pic précédent, le point 4. Le volume dépasse la moyenne SMA20.
7. **Un autre repli.** Le prix flirte avec un niveau précédent.
8. **Le cours de l'action s'envole à nouveau.** Le prix monte et s'arrête de nouveau au même niveau que les points 4 et 6.
9. **Un autre repli.** Le prix recule encore une fois au même niveau atteint à plusieurs reprises.

Une longue Structure d'accumulation est l'une des stratégies les plus simples pour les traders inexpérimentés. Une telle figure est peu fréquente et mène rarement à un renversement du cours. On doit s'assurer qu'elle est positionnée à un niveau assez bas pour éviter une chute brutale. Il est conseillé aux traders d'identifier les hauts et les bas précédents pour anticiper les futurs points d'arrêt, une fois le canal franchi. L'ajout de l'indicateur Volume Profile permet d'évaluer la force des zones actives.

Ce n'est pas un hasard si le prix revient régulièrement sur les mêmes zones. Pour se protéger, les traders placent des ordres stop. Les experts et les institutions cherchent à déclencher ces ordres stop pour réaliser des bénéfices considérables. Les hausses subites entraînent des baisses rapides, nécessaires pour combler les Gaps et les Fair Value Gaps.

Le graphique de Lightbridge illustre parfaitement une cassure où le prix a doublé en quatre jours. Les mouvements subséquents témoignent d'une volatilité extrême et il est préférable de ne pas surestimer ses attentes. Les prises de bénéfices régulières sont préférables à une seule prise de profits importante.

STRATÉGIE 18 – BITCOIN

Bitcoin! Bitcoin! Bitcoin! Comment ignorer un actif dont la valeur a connu une hausse incroyable de 88 % par année depuis 2015 ? Le Bitcoin a connu une évolution spectaculaire, passant d'un sujet controversé associé aux schèmes de Ponzi, au blanchiment d'argent et à la fraude vers un statut largement accepté et soutenu par de nombreux pays et institutions financières influentes, comme BlackRock et Fidelity Investments.

Lancé par Satoshi Nakamoto en 2009, le Bitcoin a une offre totale de 21 millions unités. Nakamoto souhaitait contrer les effets négatifs de l'inflation sur le dollar américain. Il a donc élaboré une structure incroyable. Tous les quatre ans, la production est divisée par deux, aboutissant à la création de la dernière unité en 2140. La rareté de l'offre met de la pression sur la demande. Pour en savoir plus sur le Bitcoin, consultez le Livre Blanc préparé par Nakamoto.

Bien que la plupart des gens en doutent encore, aucun autre actif n'égale ses rendements. Cependant, la fluctuation extrême de cette cryptomonnaie abaisse son niveau de crédibilité. Après 15 ans, le Bitcoin demeure un actif douteux pour la plupart des gens.

Aucun individu, gouvernement ou institution financière ne peut contrôler la valeur du Bitcoin. Micro Strategy détient 3 % des 20 millions de Bitcoins en circulation. Lors d'un marché baissier, la crypto peut perdre la moitié de sa valeur en quelques semaines seulement. Le Bitcoin a un cycle de quatre ans, pendant lequel le cours a tendance à baisser suite aux halvings, puis à remonter quelques mois plus tard. Ce cycle de quatre ans n'est pas coulé dans le béton, les forces du marché ont changé depuis son lancement en 2009. L'adoption massive par les institutions financières pourrait influencer les cycles futurs.

Certains traders effectuent fréquemment des transactions sur le Bitcoin. Ils achètent lorsque le cours est bas, puis vendent quelques jours plus tard. Les fluctuations sont souvent entre 1-2 % par jour. Le Bitcoin peut traverser de longues périodes de consolidation, puis subir des pics spectaculaires qui s'étendent sur de courtes périodes. Compte tenu de son retour sur investissement annualisé de 88 %, une stratégie d'achat et de détention serait plus appropriée qu'une approche d'achat et de revente.

Figure 45. Graphique hebdomadaire du Bitcoin

Comme le montre la figure 45, les mouvements haussiers du Bitcoin sont plus courts que les mouvements baissiers. Voici quelques points importants :

1. L'incroyable augmentation de 511 % a duré 182 jours.
2. La hausse de 136 % a pris 112 jours.
3. Il s'est écoulé 848 jours entre le 8 novembre 2021 et le 4 mars 2024. Il est intéressant de voir que le Bitcoin a pris autant de temps pour revenir à la même valeur.
4. En janvier 2023, le Bitcoin a perdu 78 % de sa valeur par rapport au sommet de 8 novembre 2021.
5. Une autre hausse remarquable de 181 % s'est produite sur 175 jours.
6. Le cours affiche un drapeau haussier qui s'étale sur sept mois.
7. Le cours a augmenté de 68 % en 56 jours.
8. Le prix a chuté de 34 % depuis son précédent sommet. La barre des 70 000 $ semble être un soutien solide pour le cours.
9. Le cours a encore augmenté de 50 % en quelques semaines.
10. Le cours arbore un autre drapeau haussier, qui laisse présager une hausse à venir.

Ceux qui n'ont pas l'âme du trader devraient considérer le Bitcoin comme un investissement à long terme. Ce narratif est renforcé par sa hausse moyenne de 88 % par année.

Stratégie d'investissement périodique

Les traders peuvent adopter une stratégie d'investissement périodique pour contrer les fluctuations importantes du Bitcoin. Cette approche consiste à investir régulièrement un montant fixe dans un actif financier, quel que soit son prix, afin d'étaler les versements sur plusieurs périodes. Cette stratégie permet aux traders de limiter leur anxiété lors de transactions.

Les traders peuvent attendre que le Bitcoin affiche une forte pression à la baisse avant de débuter leurs versements périodiques. Un signal de vente hebdomadaire provenant de la SMA30 ou de l'indicateur MACD peut être intéressant à suivre. Cependant, une demande soutenue et une offre de plus en plus limitée pourraient empêcher des baisses soudaines à l'image de celle observée en 2022-2023.

Si vous êtes convaincu du potentiel du Bitcoin et que vous souhaitez transmettre un héritage à vos enfants, adoptez dès aujourd'hui une stratégie d'investissement périodique. Que ce soit 10, 20 ou 50 $ par semaine, c'est une option aussi intéressante qu'investir dans les géants de la technologie comme Apple ou Meta. Comme toujours, il est crucial de faire ses propres recherches et analyses. Si vous ne comprenez rien au Bitcoin et autres cryptomonnaies, le secteur n'est pas fait pour vous. Si, en revanche, vous souhaitez surmonter vos obstacles psychologiques, plusieurs FNBs liés au Bitcoin sont disponibles. L'avantage, c'est que vous n'avez pas besoin d'ouvrir un compte sur une plateforme d'échange de cryptomonnaies comme Coinbase ou Binance. La figure 46 présente une liste de FNBs liés au Bitcoin.

FNB BITCOIN

ARKB	EZBC
BITB	FBTC
BITX	GBTC
BRRR	HODL

Figure 46. Liste de FNBs Bitcoin

Les cryptomonnaies alternatives n'offrent pas les rendements à long terme du Bitcoin. Elles ont tendance à se dissoudre au bout de quelques années. Il ne vaut pas la peine de s'engager dans un investissement à long terme, sauf pour de rares cas. Faites attention aux produits émergents, comme les FNBs qui offrent un mélange de Bitcoin et d'autres cryptomonnaies.

STRATÉGIE 19 – CONSOLIDATION-MANIPULATION-EXPANSION

Avez-vous déjà affirmé que les marchés étaient manipulés ? Vous aviez raison. Les baleines et les institutions financières peuvent influencer les marchés en envoyant de faux signaux aux traders. Cette pratique est courante sur les actions, mais elle est particulièrement évidente dans le monde des cryptomonnaies. L'objectif est simple : faire paniquer les traders afin qu'ils vendent à bas prix. Le combat entre les traders et les institutions financières est inégal. Les requins de Wall Street ont plusieurs avantages :

- Ils tirent parti de leurs systèmes de négociation, optimisés par des algorithmes complexes, pour anticiper les fluctuations du marché.
- Ils détectent les failles dans les graphiques, comme le FVG.
- Ils optimisent les zones d'entrée et de sortie.
- Ils éliminent les biais émotionnels humains en automatisant les tâches.
- Ils ont accès à des sources de données alternatives.
- Ils sont en mesure d'utiliser des tactiques trompeuses.

Le Bitcoin et l'Ethereum, deux cryptomonnaies populaires, sont souvent influencés par les décisions des baleines, des investisseurs détenant des participations importantes. Ce marché est particulièrement actif en raison des opportunités de négociation offertes 24 heures par jour et 7 jours par semaine. Des fluctuations quotidiennes de 2 à 3 % sont courantes, ce qui oblige les traders et les scalpers à rester vigilants et à s'adapter aux changements.

Les baleines sont connues pour leur comportement imprévisible, mais il est possible d'identifier certains éléments intéressants, comme les Gaps, les FVG et les mèches de chandeliers. Les Gaps et les FVG sont susceptibles d'être comblés. Une hausse rapide du prix suggère la possibilité d'un retour au niveau précédent la tendance haussière. Les traders doivent donc vérifier fréquemment les graphiques H1, H4, D1 et W1 pour identifier les pièges.

Les baleines ciblent particulièrement les ordres stop de protection émis par les traders en cas de variation significative des prix. Elles savent où se trouvent ces ordres. Elles feront tout en leur possible pour acheter des actions ou des cryptomonnaies à prix réduit. Pensez-vous que l'ordre stop vous protégera ? Une fois que votre ordre stop aura été déclenché, le prix repartira à la hausse soudainement. La figure 47 présente le graphique horaire du Bitcoin, mettant en évidence les phases de la stratégie Consolidation-Manipulation-Expansion. Bien qu'il s'agisse davantage d'un concept que d'une véritable stratégie, cela devrait vous aider à comprendre un peu plus la mécanique du marché.

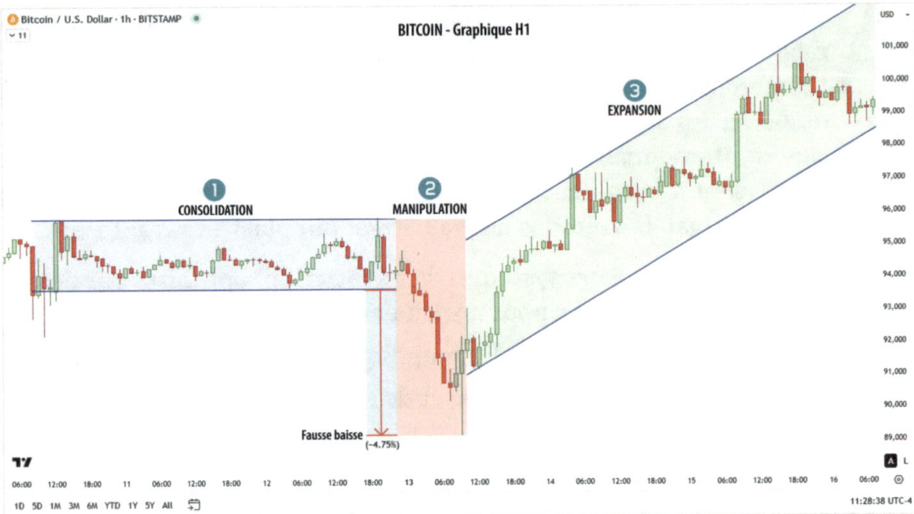

Figure 47. Graphique horaire du Bitcoin

Voici les trois phases du concept Consolidation-Manipulation-Expansion :

1. **Consolidation.** Le prix évolue latéralement pendant plusieurs périodes, formant ainsi une base solide.
2. **Manipulation.** Les baleines et les institutions financières ont fait chuter le Bitcoin. Les nombreux ordres stop situés sous la zone de consolidation se déclenchent les uns après les autres. Les traders paniquent et vendent leurs actifs, tandis que les gros investisseurs réduisent le coût moyen de leurs avoirs. Le marché est dans une panique passagère. Le cours chute jusqu'à ce que les baleines aient comblé les Gaps et les FVGs précédents.
3. **Expansion.** Le cours recommence à augmenter. Suite à la manipulation, les prix s'envolent presque instantanément, effaçant les moments d'inquiétude et de déception des traders.

La phase de manipulation ressemble à l'annonce d'une mauvaise nouvelle, compensée, quelques périodes plus tard, par une excellente nouvelle. Ces fluctuations sont courantes sur les marchés. Les traders qui n'étaient pas présents pendant la période de consolidation n'ont rien manqué. Ils ont l'occasion d'entrer dans la période d'expansion lorsque le cours surpasse la zone de consolidation supérieure.

Ces mouvements diaboliques sont bien présents sur les marchés. Savoir es reconnaître est déjà un atout. La figure 48 présente le graphique quotidien de la cryptomonnaie Ethereum et met en évidence deux exemples du concept Consolidation-Manipulation-Expansion.

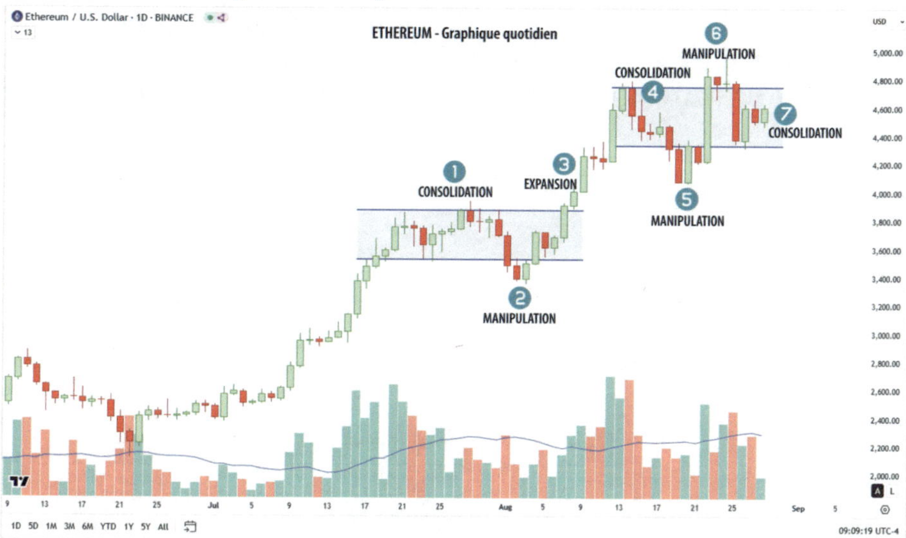

Figure 48. Graphique quotidien de l'Ethereum

Voici les éléments clés du graphique :

1. **Consolidation.** Le rectangle bleu met en évidence la période de consolidation. Le trader doit vérifier que cette zone est soutenue par un support antérieur solide.
2. **Manipulation.** Le cours casse brièvement la zone de consolidation, ce qui ne fait qu'irriter les traders qui détiennent l'actif.
3. **Expansion.** Compte tenu de la présence d'un corridor latéral, on peut supposer que l'expansion commence lorsque le cours dépasse ce corridor.
4. **Consolidation.** Un deuxième rectangle bleu montre le début d'une autre consolidation.

5. **Manipulation.** Le cours reste brièvement sous la zone de consolidation et s'aligne sur la zone de support.
6. **Manipulation.** Le cours traverse rapidement la zone de consolidation. Les mouvements de va-et-vient sont la preuve que les baleines s'amusent à faire déclencher les ordres stop.
7. **Consolidation.** Le cours revient dans la zone de consolidation dans l'attente d'une nouvelle direction.

Les financiers de Wall Street, comme les baleines et les requins, tirent une bonne partie de leurs revenus de la manipulation des marchés. Ils sont passés maîtres dans l'art de lancer des signaux trompeurs pour duper les investisseurs. Il n'y a pas de création de richesse en bourse ; il n'y a que des transferts d'un portefeuille à un autre. La perte d'un trader équivaut au gain d'un autre.

STRATÉGIE 20 – SHITCOIN

Qu'est-ce qu'un shitcoin ? Le shitcoin représente 99 % du marché des cryptomonnaies. C'est une monnaie virtuelle dépourvue de valeur, insignifiante et sans intérêt. Elles sont créées par des individus uniquement motivés par le gain rapide, souvent au détriment des jeunes générations de traders. La crédibilité de toute cryptomonnaie réside dans la présence d'un *Livre Blanc*. Ce document fournit un résumé détaillé du projet dont voici quelques points importants :

- **Description du projet.** Le document décrit les objectifs du projet, le défi qu'il cherche à relever et la solution proposée. Il fournit également des informations sur la technologie utilisée et les mesures de sécurité mises en œuvre.
- **Crédibilité :** Pour établir la confiance auprès des investisseurs, il est essentiel de prouver la pertinence du projet pour la communauté cryptographique.
- **Étapes du déploiement.** Le document présente la feuille de route, ainsi que les objectifs à moyen et à long terme.
- **Tokenomique.** Le document décrit la distribution des jetons sur plusieurs années, leur répartition entre les différents types d'investisseurs, les avantages pour les investisseurs précoces et le plafond maximal de jetons qui peuvent être émis.

Le Livre Blanc est un outil de marketing. Les investisseurs et les traders devraient le lire avant d'investir. On peut le comparer à une carte professionnelle qui sert à attirer la clientèle. Un projet mal conçu ou bâclé peut menacer la pérennité à long terme de la cryptomonnaie.

Les cryptomonnaies ne sont pas toutes listées sur des plateformes comme CoinGecko ou CoinMarketCap. Chaque plateforme a ses propres critères de sélection, et des centaines de nouvelles cryptomonnaies peuvent être émises chaque jour. Certaines ne fournissent pas de Livre Blanc, tandis que d'autres ne bénéficient pas du soutien de grandes institutions financières. Dans ces cas-là, les traders doivent faire preuve de prudence et s'abstenir de tout investissement.

Les graphiques de la plupart des cryptos, y compris Illuvium à la figure 49, présentent une trajectoire similaire au cours de leurs premiers mois.

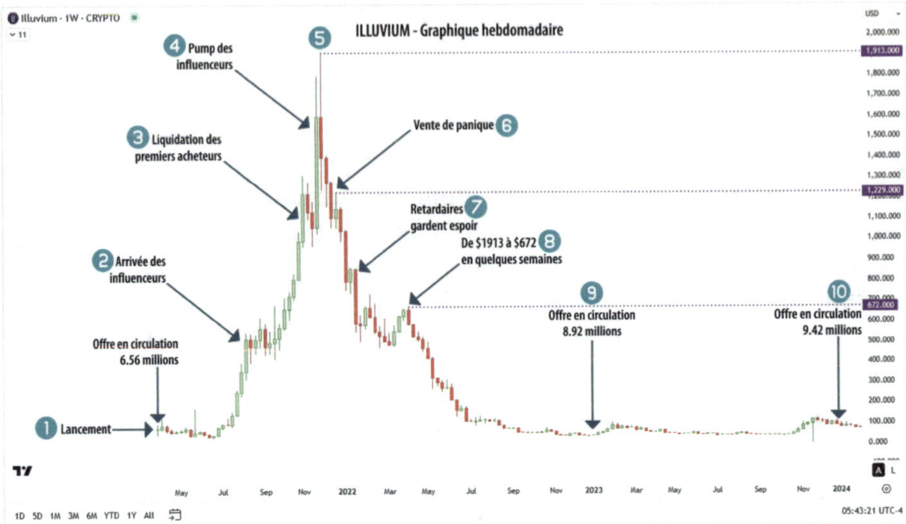

Figure 49. Graphique hebdomadaire de la crypto Illuvium

Voici les points clés :

1. 6,56 millions d'unités ont été émises au prix de lancement de 46,68 $ chacune.
2. Après une croissance spectaculaire, une courte pause a été observée. L'arrivée d'influenceurs a dynamisé le marché.
3. Les premiers investisseurs institutionnels vendent pendant la frénésie.
4. Les influenceurs ont redoublé d'efforts, tandis que les investisseurs, aveuglés par l'appât du gain, ont continué d'acheter.
5. Le cours atteint un sommet de 1 913 $, soit 50 fois le prix de lancement.
6. Le marché s'affole, le cours chute et atteint un plancher de 1 229 $ en moins de quatre semaines.
7. Les retardataires nourrissent de l'espoir, espérant une hausse imminente du cours.
8. Le cours a connu une légère hausse. En l'espace de seulement cinq mois, il est passé de 1 913 $ à 672 $.

9. Après 18 mois, le nombre de jetons en circulation est passé de 6,56 millions à 8,92 millions. Le cours a plongé.
10. Au bout de 30 mois, 9,42 millions de jetons étaient en circulation.

Notez la symétrie du graphique qui ressemble à un pattern Tête-épaules. Les niveaux de support et de résistance sont identiques de chaque côté de la figure. L'augmentation du nombre de jetons est directement corrélée à la baisse de la valeur de la cryptomonnaie. Depuis septembre 2022, l'actif a perdu de l'attrait auprès des investisseurs. Ce graphique deviendra un outil de référence. Si vous songez à investir dans une cryptomonnaie, veillez à entrer tôt sur le marché et espérez une forte hausse des prix.

La tokenomique d'un projet de cryptomonnaie influence la distribution des jetons entre les divers participants, le calendrier de nouveaux jetons et les motivations à détenir des cryptomonnaies. Avant d'investir dans une cryptomonnaie, tout trader doit analyser soigneusement sa tokenomique. Par exemple, si une cryptomonnaie a une offre totale de 5 millions de jetons et en émet ensuite 5 millions de plus, son prix baissera 99 % du temps.

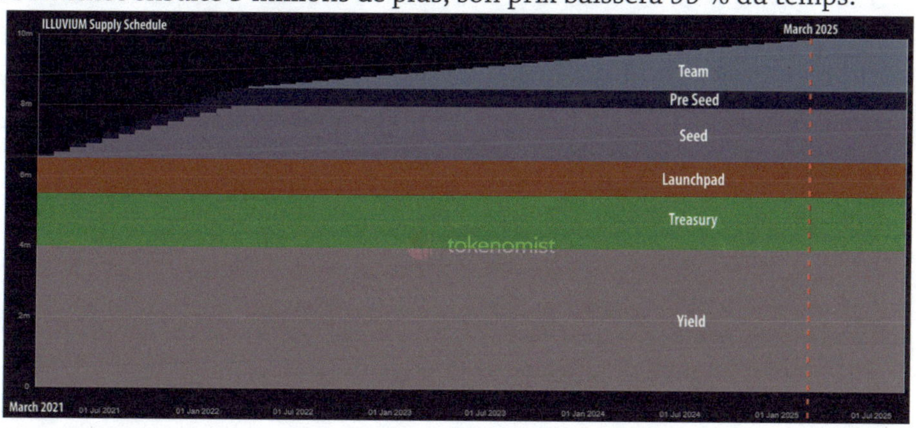

Figure 50. Calendrier de l'offre de cryptomonnaie Illuvium

La figure 50 présente la plage d'émission des jetons Illuvium depuis mars 2021. On observe un rythme des émissions est soutenu jusqu'en mars 2022, suivi d'un ralentissement progressif. D'autres émissions seront offertes en mars 2025, soit quatre ans après le lancement initial. Ce type de graphique se retrouve généralement dans le Livre Blanc. De plus, de nombreuses platesformes, telles que Tokenomist.ai, TokenUnlocks.com et CoinGecko.com, permettent de consulter la tokenomique des cryptomonnaies. Un regard attentif à la tokenomique empêchera d'investir dans un actif qui s'apprête à sombrer.

STRATÉGIE 21 – SUPERTREND

L'indicateur SuperTrend, développé par Olivier Seban, est disponible sur TradingView, MetaTrader, ProRealTime, ainsi que sur d'autres plateformes similaires. Cet outil de suivi de tendance relativement récent, lancé en 2010, est une version novatrice de l'indicateur Average True Range (ATR), largement utilisé. Il se distingue par sa capacité à afficher des signaux précis d'achat et de vente. L'indicateur présente quatre états :

- Un drapeau vert marque le début d'une tendance haussière.
- Une enveloppe verte indique une tendance haussière.
- Un drapeau rouge marque le début d'une tendance baissière.
- Une enveloppe rouge indique une tendance baissière.

L'indicateur SuperTrend est un excellent choix pour les traders débutants, car il élimine toute distorsion. Contrairement à la plupart des autres indicateurs, il ne laisse aucune place à l'interprétation. Considérant les quatre états précédents du SuperTrend, un actif ne peut présenter d'ambiguïté. Si l'actif n'est pas haussier, il est nécessairement baissier. Cette limitation incite tout de même le trader à s'interroger sur la validité des signaux.

L'indicateur SuperTrend est un indicateur retardé, à l'instar de la SMA50, qui génère des signaux différés de 50 périodes. Il est particulièrement efficace pour les actifs cycliques, tels que les matières premières, les biens de consommation, le secteur financier, l'énergie et l'immobilier. Par contre, il est moins performant pour les secteurs de la cryptomonnaie et des technologies.

Le SuperTrend présente certaines similitudes avec l'indicateur Ichimoku que nous verrons dans la prochaine stratégie. Comme tout indicateur, le SuperTrend nécessite la confirmation d'un autre indicateur de tendance pour assurer la fiabilité des signaux d'achat et de vente.

Figure 51. La société Oklo et l'indicateur SuperTrend

Sur le graphique quotidien d'Oklo, l'indicateur SuperTrend, assisté par l'indicateur MACD, met en évidence plusieurs aspects critiques :

1. Le prix évolue dans une étroite fourchette de négociation depuis plus de 100 périodes.
2. L'indicateur SuperTrend a généré un signal d'achat (drapeau vert), confirmé par l'indicateur MACD. Le prix se maintient dans la zone de consolidation (enveloppe verte).
3. L'indicateur MACD émet une alerte négative, suggérant la vente. La tendance SuperTrend demeure haussière.
4. L'indicateur MACD génère une alerte positive, qui se traduit par un signal d'achat. La tendance SuperTrend demeure positive. Le cours amorce une hausse parabolique.
5. L'indicateur MACD émet une alerte négative, qui se traduit par un signal de vente. Toutefois, le SuperTrend reste haussier.
6. Finalement, l'enveloppe du SuperTrend tourne au rouge. Le cours poursuit sa chute.
7. L'indicateur MACD s'inverse et déclenche un signal d'achat. De plus, une divergence positive favorise le potentiel haussier.
8. L'indicateur SuperTrend vire haussier et déclenche un autre signal d'achat.

Il est important de noter que l'indicateur SuperTrend ne s'aligne pas toujours avec l'indicateur MACD. Cette stratégie n'a pas pour but de discréditer l'indicateur SuperTrend, mais plutôt qu'il ne faut pas baser ses décisions d'investissement uniquement sur un seul indicateur.

Les traders peuvent modifier les paramètres de l'indicateur SuperTrend pour accélérer ou ralentir l'émission des signaux d'achat et de vente, selon leur tolérance au risque. L'analyse technique ne garantit pas la réussite totale. En cas de divergence entre les indicateurs, le trader peut choisir de ne pas négocier l'actif. L'opération la plus avantageuse est parfois celle qu'on choisit de ne pas réaliser. Se mettre à l'écart du trading pendant un certain temps fait partie d'une stratégie de trading.

STRATÉGIE 22 – ICHIMOKU CLOUD BREAKOUT

Malgré leurs présences depuis des années, certains indicateurs passent sous le radar des traders. Le système Ichimoku a été créé par le japonais Goichi Hosoda, qui souhaitait concevoir le super indicateur contenant plusieurs sous-systèmes. Il s'agit d'un système de négociation autonome qui génère d'excellents signaux d'achat sans nécessiter d'indicateurs additionnels. Cinq stratégies différentes associées à l'Ichimoku ont déjà été énoncé dans l'ouvrage Ichimoku Analyses et stratégies.

La lecture d'un graphique Ichimoku peut se révéler complexe, puisqu'on se transporte dans un système axé sur le croisement d'indicateurs et sur des conditions à respecter. La grande différence réside dans le fait que le trader doit analyser simultanément plusieurs éléments afin d'évaluer la performance d'un actif, et ce, dans une seule fenêtre. C'est pourquoi il est recommandé de ne pas ajouter d'autres indicateurs, comme une moyenne mobile. Le système Ichimoku est composé de cinq courbes :

- Conversion Line (Tenkan-sen)
- Base Line (Kijun-sen)
- Leading Span A (Senkou Span A)
- Leading Span B (Senkou Span B)
- Lagging Span (Chikou Span)

La Conversion Line et la Base Line sont utilisées conjointement pour générer des signaux à court terme. Les indicateurs Leading Span A et Leading Span B sont utilisés conjointement pour générer des signaux à moyen terme. Ces deux derniers indicateurs forment le nuage, reconnu comme une zone de support ou de résistance. L'indicateur Lagging Span sert à confirmer les tendances et représente le prix actuel décalé vers le passé de 26 périodes.

Un graphique Ichimoku nécessite moins d'espace que les graphiques multifenêtres utilisant plusieurs indicateurs. Sa clarté facilite l'identification des signaux. Un graphique facile à interpréter est la preuve d'un bon choix d'actifs. Un graphique Ichimoku surchargé de croisements d'indicateurs peut indiquer que l'actif est en recherche une tendance.

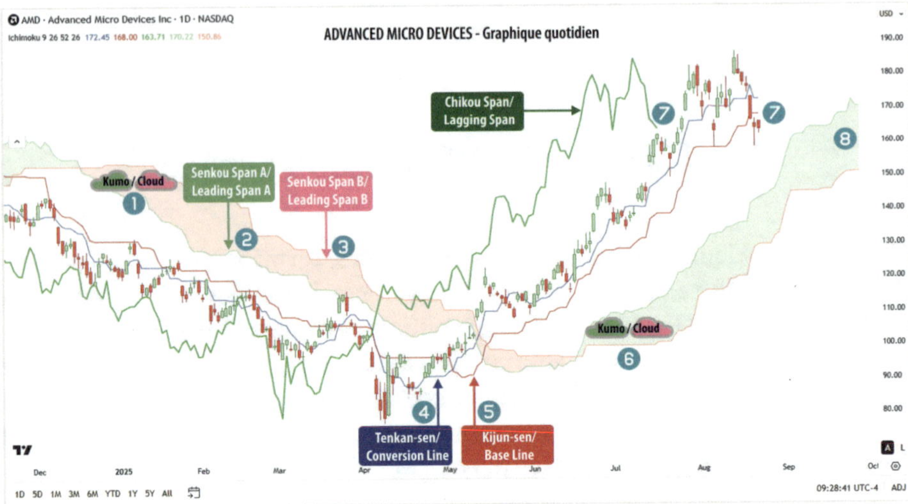

Figure 52. Graphique Ichimoku de la société Advanced Micro Devices

Le graphique journalier de la société AMD est représenté dans à la figure 52, avec des étiquettes en anglais et en japonais pour faciliter la compréhension. Voici les points importants à garder à l'esprit :

1. Le Cloud rouge représente une période baissière.
2. La ligne verte Leading Span A est utilisé pour construire le Cloud.
3. La ligne rose Leading Span B est utilisée pour construire le Cloud.
4. L'indicateur bleu Conversion Line est l'indicateur le plus rapide.
5. L'indicateur rouge Base Line est utilisé avec la Conversion Line pour générer des signaux. Lorsque la Conversion Line dépasse la Base Line, elle déclenche un signal d'achat à court terme. À l'inverse, lorsqu'elle passe en dessous, cela déclenche un signal de vente à court terme.
6. Le Cloud vert représente une période haussière.
7. L'indicateur Lagging Span sert à confirmer la tendance. C'est la réplique du cours, décalé de 26 périodes dans le passé.
8. Le Cloud est une version miroir du cours décalé de 26 périodes dans le futur, qui représente les zones de support et de résistance à considérer avant d'agir.

Certaines plateformes de trading affichent incorrectement le Cloud qui n'est pas décalé de 26 périodes dans le futur. Les plateformes Stockcharts et TradingView sont recommandées.

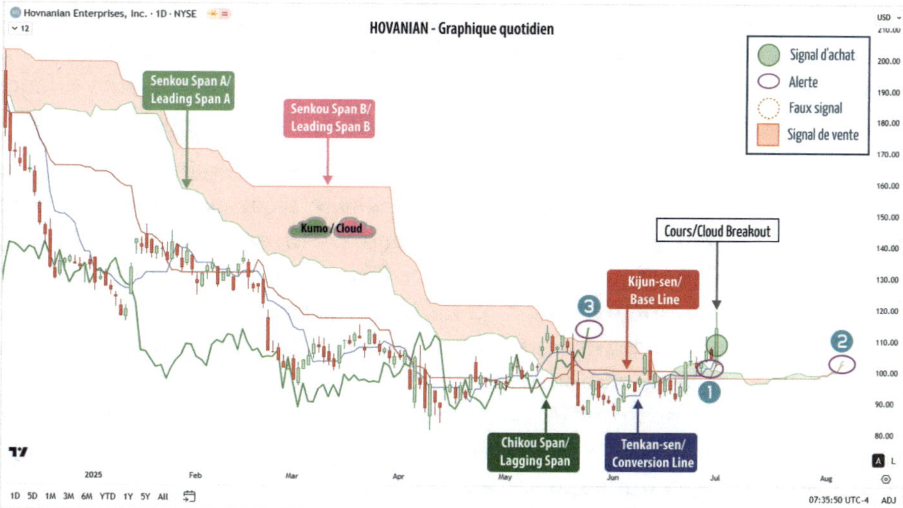

Figure 53. Graphique Ichimoku et la stratégie Cloud Breakout

Le graphique quotidien Ichimoku de la société Hovanian révèle une tendance baissière continue depuis le mois d'août 2024. Au printemps 2025, le cours se stabilise et entame une phase de consolidation. La formation actuelle respecte les trois conditions nécessaires au Cloud Breakout.

1. L'indicateur Base Line est haussier.
2. Le futur Cloud est vert.
3. L'indicateur Lagging Span est situé au-dessus du Cloud.

Comment trouver une formation Ichimoku Cloud Breakout

Les options pour identifier les bonnes cassures de l'Ichimoku sont limitées. Commençons par Stockcharts. En accédant à la section *Predefined Scans* de Stockcharts, on peut accéder aux filtres Ichimoku (figure 54). La ligne *Moved Above Ichimoku Cloud* affiche la liste des actions qui ont franchi le Cloud. Cliquez simplement sur le marché souhaité pour voir cette liste.

Total	Candlestick Patterns	Equities NYSE	Nasdaq	AMEX	OTC	TSE	TSXV	LSE	NSE	Mutual Funds
Ichimoku Patterns										
478	Entered Ichimoku Cloud	100	104	29	58	25	37	35	70	
203	Moved Above Ichimoku Cloud	23	48	3	37	15	31	22	12	
457	Moved Below Ichimoku Cloud	100	122	36	37	14	17	42	78	
150	Ichimoku Cloud Turned Green	39	43	12	19	5	6	7	13	
127	Ichimoku Cloud Turned Red	25	31	9	20	9	9	6	17	

Figure 54. La section des scans prédéfinies de Stockcharts

Les traders doivent s'assurer que l'indicateur Ichimoku est activé dans les paramètres d'affichage du graphique. Ils doivent ensuite passer en revue les actions et enregistrer les plus intéressantes dans une liste de surveillance. Hélas, l'offre de recherche sur Stockcharts n'est disponible que pour les actions.

Dans le cas de TradingView, il n'existe pas de fonctionnalité intégrée pour identifier une formation *Ichimoku Cloud Breakout*. Heureusement, une autre méthode permet de les repérer. Allez à la section Filtres et ajoutez un filtre de catégorie Technique. Sélectionnez ensuite *Ichimoku Cloud* parmi les options. Un bouton correspondant apparaîtra. Cliquez dessus pour afficher le menu déroulant. Sélectionnez l'option *Conversion Line > Base Line* pour afficher une liste d'actifs. Ici, nous supposons que les prix sont à la hausse, mais sans certitude qu'ils franchiront le nuage Ichimoku. Pour m'assurer que les choix proposés sont dans une tendance haussière, j'ai aussi activé le filtre *Analyst Rating Strong Buy*, comme illustré à la figure 55.

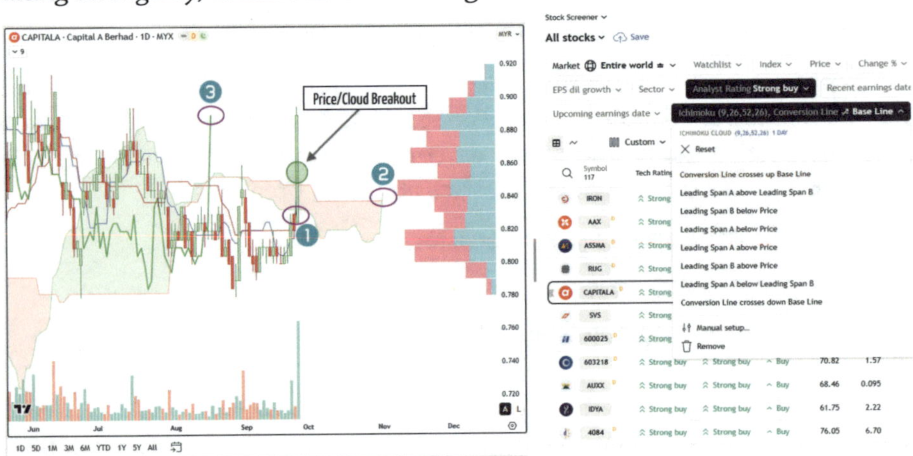

Figure 55. Filtre Ichimoku avec TradingView

Il suffit de parcourir la liste des actifs pour vérifier si certaines d'entre elles remplissent les trois conditions Ichimoku Cloud Breakout. On peut également ajouter un filtre affichant les actifs qui présente un croisement haussier de l'indicateur MACD ou un croisement haussier des moyennes mobiles. L'un des avantages de l'Ichimoku, les traders n'ont besoin que d'une seule fenêtre pour analyser le cours d'un actif. Il est conseillé aux débutants de prendre le temps de bien comprendre la stratégie. Chaque stratégie Ichimoku exige qu'une ou plusieurs conditions soient remplies avant de négocier un actif financier.

CONCLUSION

L'abondance d'indicateurs disponibles pour analyser les actifs financiers peut assurément déconcerter le novice. Dans notre quête de la compréhension totale, on néglige les outils éprouvés depuis des années. À vouloir tout savoir, nous finissons par perdre de vue ce qui est vraiment important. L'utilisation de stratégies ou de concepts éprouvés peut aider à réduire la pression sur le trader. On doit rester ouvert aux nouvelles méthodes sans pour autant rejeter brutalement ce qui a fait ses preuves depuis des décennies.

Plusieurs croient à tort qu'un pattern suffit à lui seul pour fournir un signal fiable. Se fier à un seul signal pour acheter ou vendre est voué à l'échec. Même le plus attrayant des triangles ascendants doit être confirmé par un autre indicateur avant d'investir. L'utilisation de structures combinée à des indicateurs de tendance, de volatilité ou de momentum améliore le taux de réussite.

Ne cédez pas aux influenceurs bas de gamme. Restez loin des gourous qui prétendent que le Bitcoin va atteindre les 500 000 $ d'ici deux ans. Personne ne peut prédire l'atteinte d'une cible à une date précise. Ce sont des paroles vides de sens qui ne servent qu'à attirer de nouveaux abonnés. Les gourous ont besoin de faire des prédictions audacieuses pour assurer leur survie sur le web. Gardez les pieds sur terre, soyez discipliné et positif.

Merci d'avoir acheté ce livre. N'hésitez pas à rédiger une critique qui sera considérée pour améliorer le produit.

Bonne chance !

GLOSSAIRE

Achat sur marge	Marge de crédit obtenue d'une plateforme d'échange dans le but de négocier des stocks et qui accroît le risque de perte.
Accumulation	Période pendant laquelle les acheteurs accumulent (achètent) des titres financiers.
Alerte	Élément déclencheur qui amène la surveillance étroite des marchés à la suite d'une perspective positive ou à la suite d'une menace ou d'un danger qui semble imminent. C'est l'avertissement avant le signal de trading.
Altcoin	Se dit d'une devise numérique alternative et désigne toutes les cryptomonnaies sauf le Bitcoin.
Amplitude du cours	Représente la différence entre le plus haut et le plus bas d'une période.
Analyse fondamentale	Étude de la santé et de la performance d'une société qui permet aux investisseurs d'identifier la performance à long terme.
Assouplissement quantitatif	Stratégie monétaire d'un pays permettant d'augmenter le nombre de billets de banque en circulation pour accroître temporairement la croissance économique.
Baleine (whale)	Acteur financier important qui influence le cours des stocks et des cryptos.
Base Line	La Base Line ou ligne Kijun-Sen est l'une des six composantes de l'Ichimoku. Elle représente la moyenne du plus haut et du plus bas des neuf dernières périodes.
Bearish	Sentiment boursier négatif.
Bear trap	Piège où le trader vend à découvert sur signal baissier alors que le marché monte rapidement. Se produit lors de la fausse cassure d'une zone de support.
Bitcoin	Monnaie virtuelle lancée par Satoshi Nakamoto en 2009
Blockchain	C'est la base de données des transactions qui a la particularité d'être partagée simultanément avec tous ses utilisateurs qui ont la capacité d'y inscrire des données.

Breakout baissier	Cassure à la baisse d'une zone de support.
Breakout haussier	Cassure à la hausse d'une zone de résistance.
Bullish	Sentiment boursier positif.
Canal de tendance	Zone rectangulaire où le cours d'un stock bondit de bas en haut et de haut en bas sur ses niveaux de support et de résistance.
Capitalisation boursière	Somme représentant la valeur marchande de toutes les unités émises pour un stock ou une cryptomonnaie.
Chandelier japonais	Corps rectangulaire qui représente l'intervalle entre l'ouverture et la fermeture d'une période de transaction. Un corps blanc/vert indique que la période est positive. Un corps noir/rouge indique que la période est négative.
Cloud	Le Cloud ou Kumo est l'une des six composantes de l'Ichimoku. Le Cloud c'est l'espace situé entre la Leading Span A et la Leading Span B. Le Cloud est projeté 26 périodes vers l'avant et représente la zone d'équilibre d'un graphique boursier.
Consolidation	Zone de stabilisation où un titre est négocié dans une fourchette limitée de prix, sans grande variation des cours. Ni les haussiers ni les baissiers ne peuvent prédire le moment où le titre va casser à la hausse ou à la baisse.
Conversion Line	La Conversion Line ou ligne Tenkan-Sen est l'une des six composantes de l'Ichimoku. Elle représente la moyenne du plus haut et du plus bas des 26 dernières périodes.
Correction	Repli temporaire d'au moins 10 % d'un marché en montée ou en déclin.
Croisement	C'est le point de rencontre entre le cours d'un stock et un indicateur ou le point de rencontre entre deux indicateurs.
Croix de la mort	C'est le point de rencontre de la moyenne mobile à 50 jours qui passe en dessous de la moyenne mobile à 200 jours.
Croix dorée	Point de rencontre de la moyenne mobile à 50 jours passe au-dessus de la moyenne mobile à 200 jours.
Cycle des marchés	Série de phases haussières et baissières.
Distribution	Période pendant laquelle les vendeurs se vendent leurs titres financiers. Cette une période de consolidation.

Divergence négative	La divergence baissière se produit lorsque le cours et l'indicateur évoluent dans des directions opposées : le cours fait des hauts plus hauts, mais l'indicateur fait des bas plus bas. La divergence baissière signale un retournement de la tendance à court terme.
Divergence positive	La divergence haussière se produit lorsque le cours et l'indicateur évoluent dans des directions opposées : le cours fait des bas plus bas, mais l'indicateur fait des hauts plus hauts. La divergence haussière signale un retournement de la tendance à court terme.
Doji	Chandelier japonais qui montre une petite variation du cours d'un stock et représente une indécision du marché.
Drapeau	Figure chartiste qui montre une tige et un canal de tendance. C'est un pattern de continuation qui marque une pause avant la poursuite de la tendance.
Effet de levier	Technique qui consiste à augmenter la taille du capital à investir en utilisant une marge de crédit.
Fanion	Figure chartiste qui montre une tige et un canal décroissant des lignes de tendance. C'est un pattern de continuation qui marque une pause avant la poursuite de la tendance.
Fermeture de gap	Consiste à fermer l'espace sans transaction sur graphique à chandeliers japonais causée par un écart notable entre deux périodes consécutives.
Fibonacci	Mathématicien italien à qui l'on doit l'utilisation de ratios pour identifier de potentielles zones de retournement grâce à la suite de Fibonacci (1, 2, 3, 5, 8, 13, 21, 34, 55, 89, 144...) et la divine proportion de 1,618 utilisées en arts visuels et en architecture.
Figure chartiste	Pattern facilement identifiable sur un graphique à chandeliers japonais suggérant une hausse ou une baisse du cours, basée sur l'expérimentation passée.
Filtres de recherche	Outil qui offre de puissantes fonctions de balayage et de filtrage pour trouver des stocks et des FNBs ayant des configurations intéressantes comme un pattern de chandelier japonais, une hausse importante de volume, un croisement de moyennes mobiles ou une figure chartiste.
FOMO (fear of missing out)	La peur de passer à côté d'une opportunité lorsque les prix commencent à grimper. Cette peur maladive conduit à de la spéculation.

Fourchette de négociation	Écart entre les hauts et les bas au cours d'un laps de temps.
Gap	Les Gaps sont des périodes sur graphique à barres ou graphique à chandeliers où aucune transaction n'a eu lieu. Il peut s'agir d'un Gap baissier ou haussier.
Ichimoku Cloud	Indicateur polyvalent utilisé pour présenter le mouvement des cours ; il identifie la direction de la tendance et fournit des renseignements sur les zones de support et de résistance.
Indicateur	Outil utilisant des algorithmes utilisés pour identifier la tendance, le momentum, la volatilité ou la force du volume d'un titre. (Bandes de Bollinger, MACD, RSI)
Indice	Un groupe de titres financiers utilisé comme élément de référence pour indiquer la force ou la faiblesse d'un secteur en particulier.
Jeton (token)	Actif numérique qui ne dispose pas de sa propre Blockchain, mais utilise celle d'une autre monnaie comme l'Ethereum.
Lagging Span	La Lagging Span ou Chikou Span est l'une des six composantes de l'Ichimoku. La Lagging Span est une réplique du cours de fermeture d'un titre qui est décalé de 26 périodes dans le passé.
Leading Span A	La Leading Span A ou Senkou Span A est l'une des six composantes de l'Ichimoku. La Leading Span A (vert) représente le point central entre la dernière valeur de la Conversion Line et de la Base Line. Le résultat est projeté en avant de 26 périodes.
Leading Span B	La Leading Span B ou Senkou Span B est l'une des six composantes de l'Ichimoku. La Leading Span B (rouge) est représenté par le milieu de la fourchette entre le sommet et le creux des 52 dernières périodes. Le résultat est projeté en avant de 26 périodes.
Ligne de cou	Niveau de support ou de résistance pour un pattern tête-épaules.
Money flow	Relation entre les flux de trésorerie d'un actif financier et le cours.
Mouvement directionnel et ADX	Système de trading qui combine deux indicateurs de suivi de tendance (+Di et –Di) et un indicateur de force de tendance (ADX). Le croisement des indicateurs +Di et –Di lance des signaux d'achat ou de vente.

Oscillateur	Indicateur de retournement de tendance qui anticipe le changement dans un espace de temps relativement court. Ce type d'indicateur montre les situations de surachat et de survente.
Patterns de chandeliers japonais	Figure de chandeliers japonais ayant une valeur prédictive comme une tendance haussière, une tendance baissière ou une divergence.
Patterns de continuation	Figures chartistes qui confirment la poursuite de la tendance existante : biseau ascendant, drapeau haussier, fanion haussier, tasse avec anse et triangle ascendant.
Patterns de retournement	Figures chartistes qui annoncent la possibilité d'un changement de tendance. Les figures populaires sont : double creux, double sommet, tête-épaules de sommet, tête-épaules inversée, configuration de creux.
Phase d'accumulation	Déplacement latéral du cours qui se produit lorsque les investisseurs accumulent un stock. Le graphique se caractérise par un léger mouvement de prix et par une hausse importante du volume.
Plateforme d'échange	Bourse sur laquelle on peut acheter, vendre et échanger des cryptos. On y retrouve également des tutoriels d'apprentissage.
Position longue	Miser sur la hausse du marché.
Price action	Méthode d'analyse du mouvement des prix qui exclus les indicateurs techniques. Les chandeliers japonais sont mis à l'honneur.
Rallye	Retournement significatif à court ou moyen terme du cours d'un stock qui augmente après une période de baisse.
Repli	Retour rapide à la baisse, vers le point de cassure pour une courte durée, pendant la poursuite d'une tendance haussière.
Résistance	Seuil supérieur où le cours pourrait rebondir pendant la hausse d'un stock. Les vendeurs vont tenter de ralentir et même de renverser la tendance haussière.
Retournement de tendance	Point d'inflexion opposé à la tendance précédente.
Retracement	Repli du cours d'un actif associé à l'outil de retracement Fibonacci, qui projète les points d'inflexion possibles.

Schème de Ponzi	Arnaque monétaire où les investisseurs obtiennent des revenus grâce au fonds générés par l'arrivée des nouveaux clients.
Secteur	Représente un groupe de sociétés qui produisent et vendent le même type de produit ou service.
Signal d'achat	Moment idéal pour acheter un stock à la suite d'alertes générées par un ou plusieurs indicateurs.
Signal de vente	Moment idéal pour vendre un actif à la suite d'alertes générées par un ou plusieurs indicateurs.
Surachat	Un actif financier est suracheté lorsqu'un oscillateur atteint un niveau supérieur laissant présager le début d'une tendance baissière.
Survente	Un actif financier est survendu lorsqu'un oscillateur atteint un niveau inférieur laissant présager le début d'une tendance haussière.
Vente à découvert	Opération qui consiste à vendre un actif financier emprunté à une plateforme d'échange dans l'espoir de la racheter à bas prix.
Support	Seuil inférieur où le cours d'un actif pourrait rebondir pendant la baisse d'un titre. Les acheteurs vont tenter de ralentir et même de renverser la tendance baissière.
Tendance	Mouvement directionnel du cours d'un actif financier ou d'un indice boursier.
Tokenomique	Concept associé à l'analyse microéconomique des activités de création et de distribution de cryptos, aux incitations pour attirer et conserver la clientèle, et au calendrier d'émission ou de libération des jetons supplémentaires.
Trader	Négociant qui opte pour des stratégies à court terme.
Volatilité	Mesure la rapidité du changement de prix pendant une période.
Volume	Nombre de cryptos ou de stocks négociés sur le marché pendant une période.
Volume profile	Indicateur de volume, avec barres horizontales, servant à délimiter les zones de support et de résistance

LISTE DES LIVRES DE KOONITZ

ANALYSE TECHNIQUE

22 stratégies d'analyse technique, Combiner le charting avec Fibonacci, Ichimoku, les patterns et les indicateurs de pointe pour investir dans les cryptomonnaies, les FNBs et les stocks, 131 pages, 2025.

Analyse technique prédictive, Comment utiliser le Price Action, le Market structure, les retracements de Fibonacci et les stratégies pour surfer sans danger sur la tendance des stocks et des cryptos, 201 pages, 2025.

L'analyse technique crypto c'est plus qu'un simple graphique : Comment détecter les arnaques de la Blockchain et investir dans le Bitcoin et autres cryptomonnaies en utilisant le charting et les stratégies de trading, 211 pages, 2023.

Analyse technique pour débutants-Guide pratique pour maîtriser le charting volumes 1 et 2, 235 pages, 2023.

Ichimoku analyses & stratégies : Comment détecter la tendance des marchés pour les stocks, la cryptomonnaie et le Forex en combinant l'analyse technique et l'Ichimoku Cloud (seconde édition), 153 pages, 2023.

La psychologie du trading : Contrôler ses émotions et utiliser l'analyse technique pour faire un plan de trading profitable, 101 pages, 2025.

Configurations haussières de figures chartistes vol. 1 : Tiré profit de l'analyse technique et des patterns haussiers, 111 pages, 2018.

22 Technical Analysis Strategies, The Art of Charting using Fibonacci, Patterns, Price Action and Indicators for a Better Entry Point When Investing in Momentum Cryptos and Stock Markets, 131 pages, 2025.

Predictive Edge in Technical Analysis, How to Use Price Action, Market Structure, Fibonacci Retracements, and Strategies for Safely Surfing the Trend of Stocks and Cryptocurrencies, 201 pages, 2025.

Crypto Technical Analysis it's More Than a Chart: An Investing Guide for Beginners to Detect Blockchain Scams, Pick Digital Currencies Using Charting, Tokenomics, and Various Trading Strategies, 213 pages, 2023.

Technical Analysis for Beginners – A Practical Guide for Charting vol. 1 and 2, 235 pages, 2023.

Ichimoku Charting & Technical Analysis (second edition): The Visual Guide for Beginners to Spot the Trend Before Trading Stocks, Cryptocurrency and Forex using Strategies that Work, 151 pages, 2023.

Trading Psychology in the Zone (third edition): How to Understand the Cycle of Market Emotions and Use Technical Analysis to Make a Profitable Trading Plan, 101 pages, 2025.

Trading Strategies in the Zone (second edition): Profiting from Technical Analysis and Bullish Patterns, 107 pages, 2018.

Ichimoku Gráficas y análisis técnico: La guía visual de principiantes para encontrar tendencias antes de hacer trading de acciones, criptomonedas y Forex combinando estrategias e Ichimoku Cloud, 208 pages, 2023.

Análisis técnico para principiantes Parte uno (Segunda edición): Deja de seguir ciegamente a los gurús de Wall Street y aprende análisis técnico, 107 pages, 2018.

AUTO-PUBLICATION

69 erreurs à éviter en auto-édition : Apprenez à formater les images, le texte et la mise en page, optimiser la conversion et publier son livre Kindle, 170 pages, 2015.

Ebook Cover Design for Self-Publishers: Create an Attractive Look Using Color, Typography, Pictures and Cover Design Concepts, 158 pages, 2017.

99 Formatting Tips for Self-Published Authors: How to Self-Publish a Better Book Using Various Tips on Cover Design, HTML, Typography, Images, Layout and Conversion, 204 pages, 2017.

Kindle Formatting and Publishing like a Pro: 80 Self-Publishing Mistakes Explained, 194 pages, 2017.

RÉFÉRENCES

Trading for a Living: Psychology, Trading Tactics, Money Management, Alexander Elder, John Wiley & Sons, 289 pages, 1993.

Secrets For Profiting in Bull and Bear Markets, Stan Weinstein, McGraw-Hill Education, 368 pages, 1988.

Swing Trading : Power Strategies to cut risk and boost profits, Jon D. Markman, John Wiley & Sons, 320 pages, 2003

The Master Swing Trader: Tools and Techniques to Profit From Outstanding Short-Term Trading Opportunities, Alan S. Farley, McGraw-Hill Education, 443 pages, 2001.

Japanese Candlestick Charting Techniques by Steve Nison, Prentice Hall Press, 320 pages, 2001.

INDEX

A

Average Directional Index (ADX) 41

B

Bill Williams 31
Biseau haussier 59
Bitcoin 91
Bollinger bande inférieure 54
Bollinger bande supérieure 54
Bollinger Bands 53
Bollinger SMA20 54
Breakout baissier 7
Breakout descendant 63
Breakout haussier 7

C

Chandeliers japonais 2
Chartmill.com 17
CoinGecko 99
CoinMarketCap 99
Consolidation 96

D

Divergence baissière 35
Divergence haussière 35
DMI Indicateur Directionnel (+Di) 41
DMI Indicateur Directionnel (–Di) 41

E

EMA34 20
Expansion 96

F

Fair Value Gap (FVG) 23
Fibonacci retracements 19
Fibonacci séquence 19
Finviz.com 17
Fractale baissière 31
Fractale haussière 31

G

Gap de continuation 9
Gap d'épuisement 9
Gap de rupture 9
Golden Zone 21
Google Trends 16
Graphique hebdomadaire 4
Graphique quotidien 5

I

Ichimoku Cloud Breakout 109
Indicateurs avancés 11
Indicateurs de momentum 10
Indicateurs de tendance 10
Indicateurs de volatilité 10
Indicateurs de volume 10
Indicateurs retardés 11

J

John Bollinger 53

L

Livre Blanc 91

M

MACD 20
Manipulation 96
Momentum 16
MTF Support Resistance Signals 29

O

Ordre stop-Loss 14

P

Pattern Bullish Engulfing 79
Pattern de continuation 67
Pattern Gros W 71
Pattern Malicieux M 75
Pattern Run-Bump-Reversal 65
Phase d'accumulation 87
Phase de déclin 88
Phase de distribution 88
Phase d'expansion 87
Psychologie du trading 13

R

Reload Zone 21
Résistance 6
Réveil du gap baissier 49

S

Satoshi Nakamoto 91
Shitcoin 99
SMA200 20
Steve Nison 3
Stochastique 5
StochRSI 28
StockCharts.com 18
StockFetcher.com 17
Structure d'accumulation 87
Structure parabolique 83
SuperTrend 103
Support 6

T

Tasse avec anse 45
Tokenomique 99
TradingView.com 18
Triangle ascendant 67

V

Volume Profile 21

W

Williams Fractals 31

Made in the USA
Monee, IL
18 October 2026

66039182R00072